物理如此简单

近现代物理篇

张君可　王　超　宋艾晨　张兴龙　编著

清華大學出版社
北京

内容简介

本书是一本适合全学段中学生进行严肃阅读的物理学科普读物。全书以微观物理“不知疲倦的分子”开篇，带你认识从微观到宏观的热力学；以“长跑冠军——光”带你认识光的特性及其在现代成像技术中的作用；以“量子改变世界”带你感受量子物理的独特魅力；以“淘气的时空”带你体会相对论的神奇效应……在书中遨游，你会理解分子运动规律和温度计的原理，你会领略透视物体成像的神奇魅力。本书以科学知识为主体内容，关注现代科技最新科研成果，展示中国在当代工程技术领域及科技前沿领域的领先成就，让你在学习知识的同时，紧追社会发展步伐，开阔视野，为你将来追寻梦想提供一些有意义的启示。

本书针对中学低年级、中年级、高年级三个学段学生的阅读特点与需求，立足于中学必备物理知识，内化科学思维方法，重点培养和提升学生的物理学科素养，提升学生解决问题的能力，开阔学生的物理视野，促进学生科学思维水平的实质发展。

图书在版编目（CIP）数据

物理如此简单．近现代物理篇 / 张君可等编著．—北京：清华大学出版社，2023.10（2024.12 重印）
ISBN 978-7-302-64692-1

Ⅰ.①物… Ⅱ.①张… Ⅲ.①中学物理课—教学参考资料 Ⅳ.① G634.73

中国国家版本馆 CIP 数据核字（2023）第 183458 号

责任编辑：杜春杰
封面设计：刘 超
版式设计：楠竹文化
责任校对：马军令
责任印制：丛怀宇

出版发行：清华大学出版社
网　　址：https://www.tup.com.cn，https://www.wqxuetang.com
地　　址：北京清华大学学研大厦 A 座　　**邮　　编**：100084
社 总 机：010-83470000　　**邮　　购**：010-62786544
投稿与读者服务：010-62776969，c-service@tup.tsinghua.edu.cn
质量反馈：010-62772015，zhiliang@tup.tsinghua.edu.cn
印 装 者：北京嘉实印刷有限公司
经　　销：全国新华书店
开　　本：170mm×230mm　　**印　　张**：8.75　　**字　　数**：147 千字
版　　次：2023 年 10 月第 1 版　　**印　　次**：2024 年 12 月第 3 次印刷
定　　价：49.80 元

产品编号：098698-01

前　言

物理真的很难吗？其实物理可以很简单！物理学家坚信“自然的法则尽管无所不包，条例却很少”。物理学家坚信“物理世界是简单的，是可以被理解的”。如果你也能像物理学家一样思考，你会悟到：物理如此简单！

作为物理教师，我们经常会遇到学生恐惧学习物理的情况，甚至他们在还没有接触物理时就对这门学科的学习毫无信心。究其原因，很重要的一点是，当前的物理教学和学生的物理学习远远脱离了物理学科的本真。物理是自然科学领域的一门基础学科，作为自然科学的带头学科，物理学研究大至宇宙、小至基本粒子等一切物质最基本的运动形式和规律，因此成为其他各自然科学学科研究的基础。它是教人认识自然和理性思考的。庄子云：“判天地之美，析万物之理。”这大概就是物理学和物理教育的真谛。

现在中学生对物理学科的学习大多沉浸于解题，知识的获得局限于有限的教材和门类繁多的教辅，使提高物理思维、形成物理观念、提升物理学科素养有很大的困难。这也导致一些中学生对物理形成了刻板印象，认为物理很枯燥、难学，并没有感受到物理是对自然的描述，物理是最具简洁美的科学。生活中处处有物理，学习物理不仅仅是为了解题，更是为了解决实际问题；学习物理不仅仅是为了学习已知，更是为了探究和发现未知！

为避免科普宽泛、缺少物理知识内化的问题，我们紧扣中学物理知识点，强化科学拓展与思维发散，编写了系列图书。本系列图书分为三册，第一册《物理如此简单：力学篇》主要阐述生活中涉及的运动和力、功和能、动量、振动和波动等力学现象蕴藏的原理及应用；第二册《物理如此简单：电磁学篇》主要阐述与日常生活、生产和科技发展息息相关的电场、磁场、电磁波、直流电路和交流电路等；第三册《物理如此简单：近现代物理篇》主要阐述热学、光学和量子物理基础等。

你手中这本有关物理学的书是严肃的，其中的每一个概念、思想、方法都是很多科学家经过细致严谨的实践研究获得的。作为编写者的我们并不是这些问题的发现者，我们能承诺的是书中的每一个知识点都有更为专业的物理学研究作为保障。在编写过程中，为降低初、高中不同年龄段学生的阅读门槛，我们减少大量数学公式的堆砌，力求用有意思的语言、生动的例子甚至是比喻来更好地阐述。

为了让处于中学阶段的学生能够从更多角度认识物理学，本书以初、高中物理知识为主线，以内化物理原理、学习物理方法、培养科学思维为目标，充分考虑初、高中学生的思维特点，设置了多个板块分散到全书各个章节。

- “生活物理”从生活中的具体实例提出问题，激发学生思考。
- “科学实验”利用生活中的实验器材进行实验，用所学物理知识进行解释和分析，将物理与生活紧密联系起来，让学生体会生活中处处是物理。
- “科学探索”引领学生像科学家一样思考，用科学的思维和方法探索未知。
- “原来如此”对“生活物理”中的问题给予解答并概括性地提炼和总结，从方法、能力等维度点拨，提升学生的科学素养，让学生豁然开朗，体会物理如此简单和有趣。
- “思维拓展”对中学物理知识进行拓展补充，发散思维。主要从物理知识的深化及量化、最前沿科技成果及应用、物理学史的发展等方面开阔学生视野，让其站在高处看物理。
- “科学中国”将中学物理知识与中国物理学发展融合在一起，让学生充分认识中国的物理学成就，知道中国科学家在物理学的道路上付出的努力。
- “小试牛刀”给出生活中另外一些具有相同原理的案例，预留空间，鼓励学生进一步深入学习并应用上述原理大胆尝试和实践。

物理可开发想象力，
你的想象力有多强，
你的物理世界就有多大。
物理可开阔思维方式，
你的思维方式有多独特，
你就有多少种看待物理问题的视角。
物理如此简单，
又如此有趣，
请打开书开始阅读吧！

编者
2023 年 5 月

目　录

第 1 章

不知疲倦的分子

第 1 节　分子会休息吗？

生活物理

我们知道，生活中的物体都是由各种物质组成的。组成不同物质的微观粒子是不同的分子。也就是说，物体是由大量分子组成的。那么这些分子都处于什么状态呢？

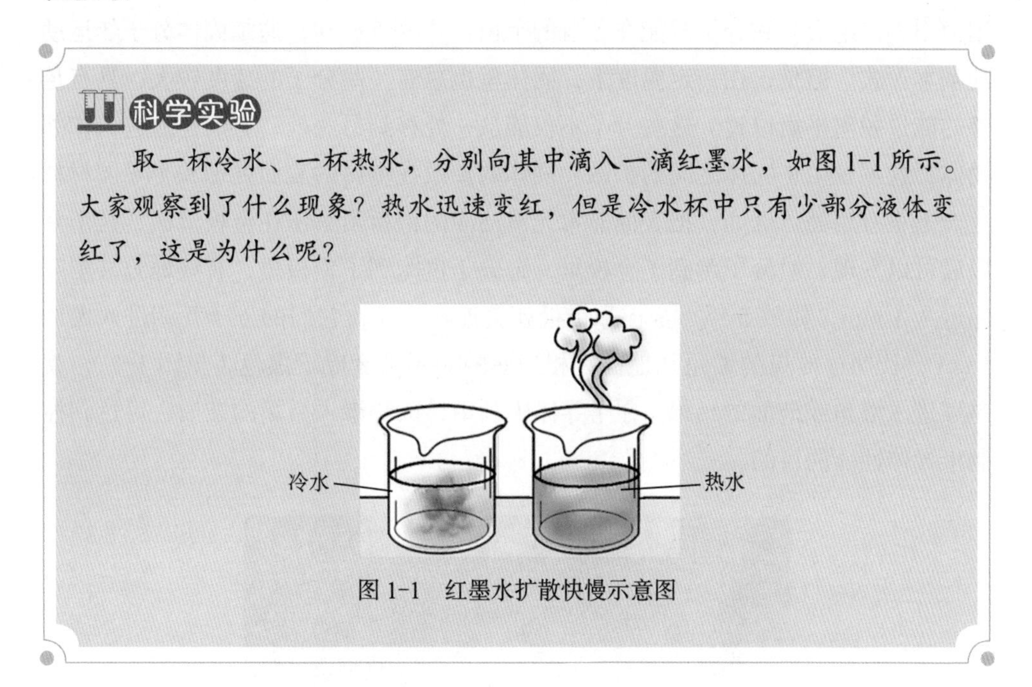

科学实验

取一杯冷水、一杯热水，分别向其中滴入一滴红墨水，如图 1-1 所示。大家观察到了什么现象？热水迅速变红，但是冷水杯中只有少部分液体变红了，这是为什么呢？

图 1-1　红墨水扩散快慢示意图

原来如此

红墨水使水变红的现象是一种扩散现象。扩散现象是指当两种物质相接触时，物质分子可以彼此进入对方的现象。扩散现象是如何产生的呢？一切微观粒子（包括分子、离子、原子等）都在不停地做无规则的运动，这就是分子热运动。温度越高，热运动则越剧烈。生活中有很多微观粒子热运动的实例，如我们吃的咸蛋、咸菜等，都是因为氯离子和钠离子不断运动，而进入蛋或菜中，使其变咸。因为在不同的温度下水分子无规则热运动的剧烈程度不同，所以在冷水和热水中产生宏观扩散现象的快慢有所不同。

思维拓展

我们发现液体之间存在扩散现象，其本质是分子热运动。那么固体和气体分子也在不停地做无规则热运动，它们会不会发生扩散现象呢？固体分子间的作用力很大，绝大多数分子只能在各自的平衡位置附近振动，这是固体分子热运动的基本形式。但是，在一定温度下，固体里也总有一些分子的速度较大，具有足够的能量脱离平衡位置。这些分子不仅能从一处移到另一处，有的还能进入相邻物体，这就发生了固体之间的扩散。固体的扩散在金属的表面处理和半导体材料生产上很有用处。例如，把表面非常光滑洁净的铅板紧紧压在金板上面，几个月以后可以发现，铅分子跑到了金板里，金分子也跑到了铅板里，有些地方甚至互相进入 1 mm，如放 5 年，金板和铅板就会连在一起，它们的分子互相进入大约 1 cm；长期存放煤的墙角和地面有相当厚的一层都变成了黑色（见图 1-2），就是煤进入墙角或地面的结果；在半导体中利用扩散法渗入微量的杂质，可达到控制半导体性能的目的。

图 1-2 长期存放煤的墙角和地面

当然，气体的扩散更加容易，比如我们闻到香味就是因为气体分子进入到了空气中。

分子热运动是如何被发现的呢？证明液体、气体分子做杂乱无章运动的最著名的实验是英国植物学家布朗发现布朗运动的实验。

1827 年，布朗把藤黄粉放入水中，然后取出一滴这种悬浮液放在显微镜下观察。他发现藤黄的小颗粒在水中不停运动，而且每个颗粒的运动方向和速度大小都改变得很快。把藤黄粉的悬浮液密闭起来，不管白天、黑夜，夏天、冬天，随时都可以看到布朗运动，无论观察多长时间，这种运动也不会停止（见图 1-3）。在空气中同样可以观察到布朗运动，悬浮在空气里的微粒（如尘埃）也在做不规则运动。

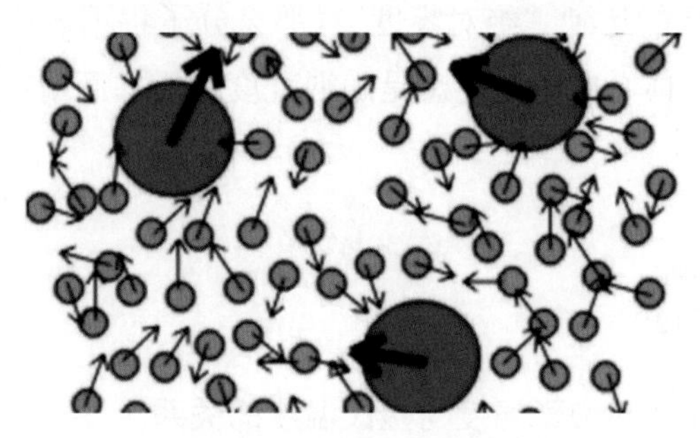

图 1-3　布朗运动示意图

布朗发现的是一个新奇的现象，产生该现象的原因是什么？人们迷惑不解。在布朗之后，这一问题一再被提出，为此有许多学者进行过长期的研究。早期的一些研究者简单地把它归结为热或电等外界因素引起的。最早隐约指向合理解释的是维纳（1826—1896），1863 年他提出布朗运动起源于分子的振动，并公布了对微粒速度与粒度关系的观察结果。不过他的分子模型还不是现代的模型，他看到的实际上是微粒的位移，并不是振动。在维纳之后，西格蒙・埃克斯纳也测定了微粒的移动速度。他提出布朗运动是由微观范围的流动造成的。到了 20 世纪七八十年代，一些学者明确地把布朗运动归结为液体分子撞击微粒的结果。他们提出做布朗运动的粒子非常微小，直径为 1～10 μm，在周围液体或气体分子的碰撞下，产生一种涨落不定的净作用力，导致微粒的布朗运动。

如今，人们借助布朗运动对微观的解释更完善了。第一，每个液体分子撞击微粒时给微粒一定的瞬时冲力，由于分子运动的无规则性，每一瞬间、每个分子撞击时对微粒的冲力大小、方向都不相同，合力大小、方向随时改变，因而布朗运动是无规则的。第二，因为液体分子的运动是永不停息的，所以液体分子对固体微粒的撞击也是永不停息的。第三，温度越高，可知液体分子的运动越剧烈，这导致分子撞击微粒时对微粒的撞击力越大，因而同一瞬间来自各个不同方向的液体分子对微粒的撞击力越大，微粒的运动状态改变越快，故温度越高，布朗运动越明显。

既然温度越高，分子做无规则热运动越剧烈，那么有没有可能温度低到一定程度分子就不动了呢？经典热力学中的温度没有极限高温度的概念，只有理论最低温度——“绝对零度”。热力学第三定律指出，“绝对零度”是无法通过有限次步骤达到的。如果真能达到“绝对零度”，那么分子将不再运动。但是通常我们生存的环境和研究的体系中，内能总是随混乱度的增加而增加，因而是无法达到“绝对零度”的。

小试牛刀

请查阅资料，说明热力学温度与摄氏温度的关系。

第 2 节　分子之间的爱与恨

生活物理

上一节中，我们了解了常见物质都是由大量分子组成的，大量分子都在做无规则热运动。那么问题来了，既然大量分子都在无规则地运动，为什么固体、液体等会聚集在一起，而气体就能无规则地分散开呢？如图 1-4 所示为固态冰的微观结构，组成冰的水分子处于什么状态呢？

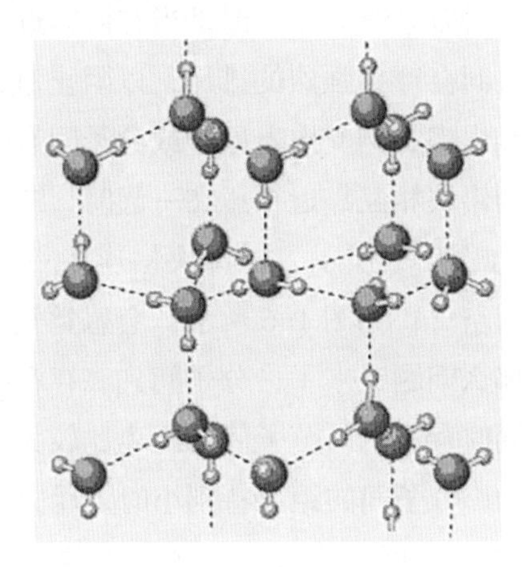

图 1-4　固态冰的微观结构

科学实验

如果一个班有 40 位同学，大家都在一个大操场上自由活动。现在想召集大家集合，我们会发现相互告知很难。如果大家手拉手连成一队，集合信息可以比较快地传达。这么来看，分子间如果能够保持相对集中，分子间一定有力的作用。

原来如此

为了简化问题，如果不考虑原子的内部结构，我们可以把原子和分子看成质点或弹性球。有时原子单独存在，有时几个同种原子结合成为单质分子，或几个不同原子组成化合物的分子。原子与原子既然能结合在一起，就必有相互作用力。其实不仅原子与原子之间有相互作用力，分子与分子之间也有相互作用力。要讨论原子或分子间相互作用的机理，必须深入它们的内部结构，从而不免要用到量子力学，这远超出了我们能理解的范围。现阶段，我们可以从现象出发，为这种相互作用建立一个模型。

大量事实告诉我们，当原子或分子的间距 r 比较大时，它们之间有微弱的吸引力。随着 r 的减小，吸引力逐渐加强。但是当它们靠近到一定距离以内时，就像有个硬芯一样，相互之间会产生强烈的排斥，以阻止对方透入（这就是“物质的不可入性”）。生活中有很多实例支撑着原子或分子间有引力和斥力的观点。例如，当两个表面被磨平的铅块相互靠近挤压在一起时，二者会粘连在一起，下方可以悬挂一定的重物，如图 1-5 所示，把铅块粘连在一起的力就是分子间的引力。如果我们压缩一定的空气，如图 1-6 所示，会感觉气体很难被压缩，这就是分子间的斥力在抗衡。那么问题又来了，分子间到底存在引力还是斥力呢？其实分子间的引力和斥力是同时存在的。分子间的距离比较大时，引力大于斥力，对外表现为分子间存在引力；分子间的距离特别小时，斥力大于引力，对外表现为分子间存在斥力。这么看来中间一定存在一个平衡位置（分子间的距离为 r_0），在这个位置分子间的引力等于斥力。

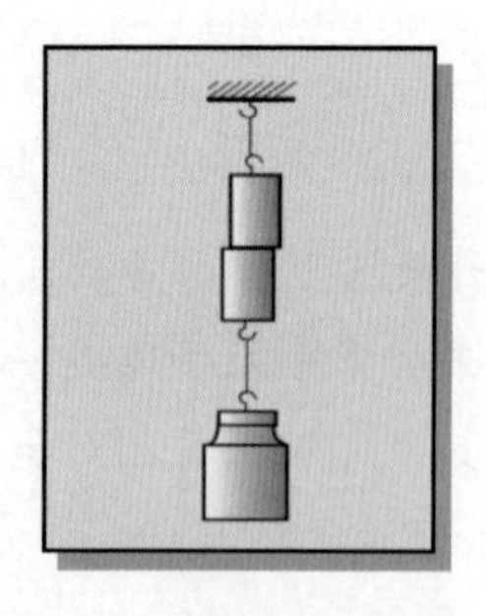

图 1-5　铅块间的引力

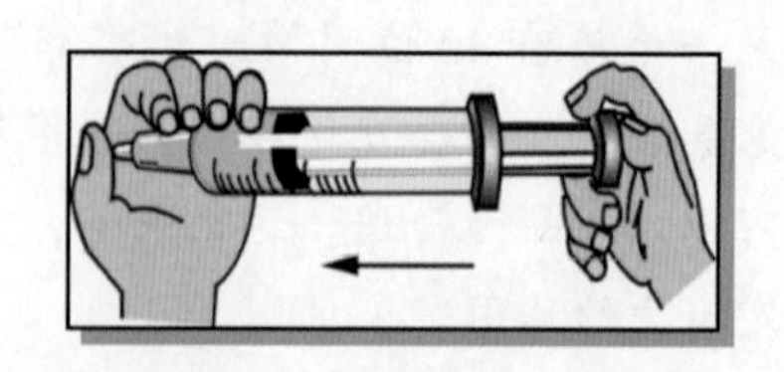

图 1-6　气体很难被压缩

按照这样的认识，我们发现分子间的相互作用力类似于弹簧的弹力。类比弹簧的弹性势能，可以定义分子或者原子的势能。如果取无穷远为势能零点，那么分子间距离为 r_0 的时候势能是最低的。结合第 1 节我们所了解到的，热现象的本质是分子的无规则热运动，分子热运动使得分子具有动能。组成物质所有分子的动能和分子势能的总和就是我们经常说的内能。

分子热运动的能量中的势能部分使它们趋于团聚，动能部分使它们趋于飞散，两个对立的因素总处于竞争的状态。大体说来，平均动能胜过势能时，物质处于气态；势能胜过平均动能时，物质处于固态；两者相当时，物质处于液态。这便是物质有三态的由来。

科学中国

水的固、液、气三态能同时存在吗?

水三相点是指水的固、液、气三相平衡共存时的温度，其值为 273.16 K（0.01 ℃），如图 1-7 所示。它是在一个装有高纯度水的密封玻璃容器——水三相点瓶内复现的。

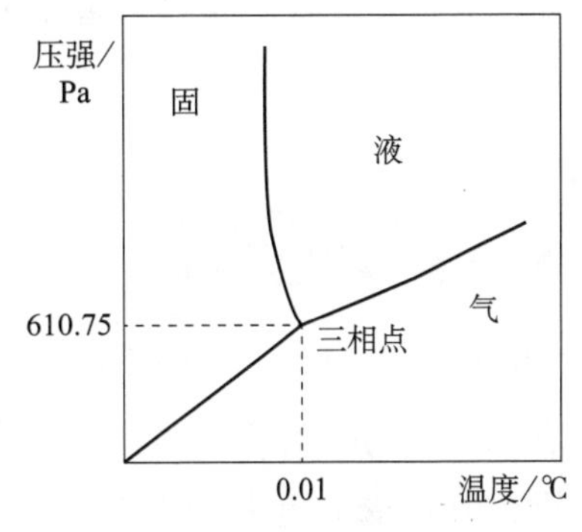

图 1-7　水的三相点示意图

最初关于温度的定义并不是这样的。1927 年，国际度量衡委员会选定水的冰点为热力学温标的基准点，定为 273.15 K。但是水的冰点是在 1 大气压下空气达到饱和水蒸气的液-固平衡的温度。它受外界大气压或进行测量的地理位置的影响，并且与水被空气饱和的状况有关。因此科学界对它的重现性和精度提出过怀疑。当时物理化学界企图并已开始测定水的三相点，即水在其饱和蒸汽压力下气、液、固三相成平衡的温度，以代替冰点作为热力学温标的基准点。1934 年，我国化学家黄子卿（见图 1-8）赴美国，在麻省理工学院随热力学名家 J. A. 比蒂（J. A. Beattie）做热力学温标的实验研究，重新测定水的三相点。

图 1-8　黄子卿院士

因为当时水的冰点被认为是热力学温标的定点，所以测定水的三相点就需要测量水的三相点室与冰室温度之差，为此需要得到精确的水的冰室的固-液平衡温度。黄子卿仔细计算大气压力及水液面高度产生的附加压力对冰室平衡温度的影响；测量水样的电导，折算为盐浓度，按稀溶液的依数性，估算杂质造成的水的凝固点的降低；在严格固定条件下，得到冰室温度的精度为 0.5×10^{-4} ℃。黄子卿严格处理水的三相点室，精选三相点室材料并严格清洗；水样严格纯化去 CO_2；测量三相点室水样的电导，估算杂质对平衡温度的影响，并且对水面高度产生的附加压力的影响加以校正。他采用当时的精确测温手段，并对体系采取严格的隔热防辐射措施。由此黄子卿得到水的三相点为 0.009 81±0.000 05℃。这一结果被美国华盛顿哲学会主席斯蒂姆逊推崇为水的三相点的可靠数据之一，成为 1948 年国际实用温标（IPTS-1948）选择基准点——水的三相点的参照数据之一。这项工作成为黄子卿博士论文的一个部分。1955 年，黄子卿当选中国科学院院士。

小试牛刀

为了说明分子之间有引力，小明在实验室用两个紧压在一起的铅柱做实验，如图 1-9 所示。铅柱 A 和铅柱 B 所受的重力均为 2 N，两个铅柱接触面的面积为 3 cm^2，当悬挂重物所受的重力为 20 N 时，两个铅柱没有被拉开。于是，小明认为这个实验说明了分子之间存在引力。小华观测到该实验室的大气压为 1×10^5 Pa，于是她认为两个铅柱之所以没被拉开是因为大气压的作用。请你利用所学知识和上述数据，判断小明做的铅柱实验能否说明分子之间存在引力。请写出计算、推理过程和结论。

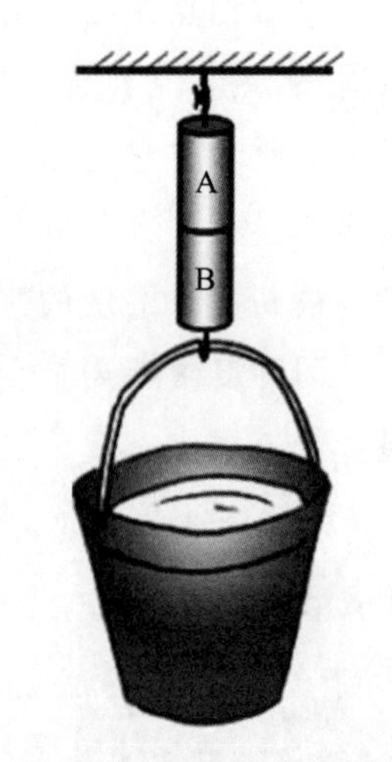

图 1-9　铅柱实验示意图

第 3 节　聪明的温度计

生活物理

通过学习前两节，我们了解了分子做无规则热运动的剧烈程度表现为温度，温度越高，分子无规则热运动越剧烈，那么对应的分子动能的总和也越大，相应会影响内能的变化。可见，准确判断温度后才能准确了解能量的多少和能量的变化。那么生活中如何测量温度呢?

科学实验

找到家中的体温计，参照说明书测量自己的体温，测量过程中观察体温计发生的变化。如果家中的体温计是电子的，那么测量后电子屏上可以快速显示体温。如果家中的体温计是红外额温枪，那么靠近额头时按下测量键即可测量。如果家中的体温计是水银体温计，那么需要花费比较长的时间（5～10 min）才能获得测量结果。这些体温计都是如何工作的呢?

原来如此

第一个体温计是伽利略在 16 世纪发明的。但直到 300 年后人们才设计出使用方便、性能可靠的体温计。如图 1-10 所示为水银体温计，水银储存在末端的水银球内，当水银被加热时，它会发生膨胀，沿着非常狭窄的玻璃管上升。所以，体温的小小变化就会导致玻璃管内水银的大幅度上升。量完体温后，要用力甩动体温计，使水银回到水银球内。可见传统的温度计是利用液体的热胀冷缩原理制成的。

热胀冷缩是指物体受热时会膨胀、遇冷时会收缩的特性。由于物体内的分子运动会随温度改变，当温度上升时，分子的振动幅度较大，令物体膨胀；当温度下降时，分子的振动幅度较小，使物体收缩。固体和液体都会热胀冷缩，其中液体的热胀冷缩更明显，加之液体具有流动性，更容易通过毛细管放大显示出来。

电子体温计是利用温度传感器输出电信号，直接输出数字信号或者再将电流信号（模拟信号）转换成能够被内部集成的电路识别的数字信号，然后通过显示器（如液晶、数码管、LED 矩阵等）显示数字形式的温度，一般能记录、读取被测温度的最高值，如图 1-11 所示。

图 1-10　水银体温计

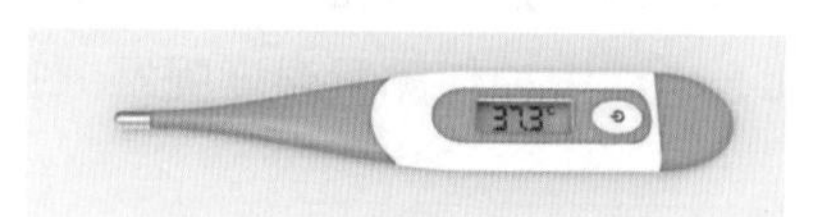

图 1-11 电子体温计

额温枪其实就是一个红外测温仪，不仅能够测体温，还可以测量多数物体表面的温度，如图 1-12 所示。其原理是一切温度高于绝对零度的物体都在不停地向周围空间发出红外辐射能量，物体的红外辐射能量的大小及其按波长的分布与它的表面温度有着十分密切的关系。因此，通过测量物体自身辐射的红外能量，便能准确地测定物体的表面温度。这就是红外辐射测温所依据的客观基础。

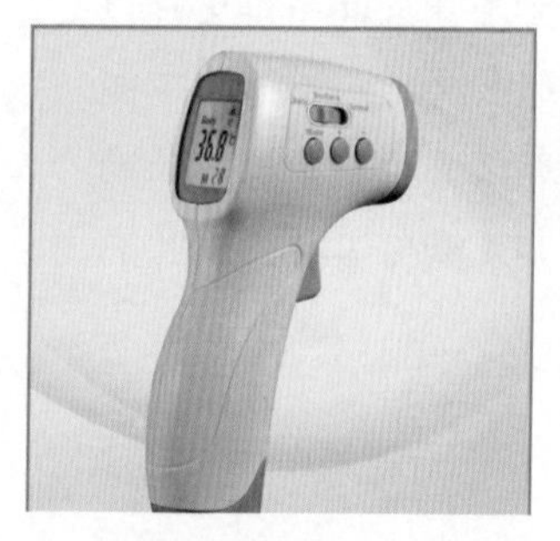

图 1-12　额温枪

常见的温度传感器

1. 热电阻传感器

物质的电阻率随着温度变化而变化的现象称为热电阻效应。当温度变化时，导体或半导体的电阻值随着温度变化而变化，对金属来说，温度上升时，金属的电阻值将增大。这样，在一定温度范围内，我们可以通过测量敏感材料的电阻来确定被测的温度。根据热电阻效应制成的传感器叫作热电阻传感器。热电阻传感器按电阻－温度特性的不同可分为金属热电阻和半导体热电阻两大类。一般把金属热电阻称为热电阻，常用金属材料，如铂、铜、镍等制成；而把半导体热电阻称为热敏电阻，可以是以半导体材料制成的陶瓷器件，如锰、镍、钴等金属的氧化物与其他化合物按不同配比烧结而成。热电阻的温度系数一般为正值。

2. 热敏电阻传感器

金属的电阻值随着温度的升高而增大，但半导体却相反，半导体的电阻值随着温度的升高而急剧减小，并呈现非线性。在温度变化的同时，热敏电阻的阻值变化约为铂热电阻的 10 倍。通过测量热敏电阻阻值的变化，便可以得知被测介质的温度变化。

热敏电阻具有体积小、灵敏度高、反应速度快、分辨率高等优点。典型的热敏电阻的缺点是线性度低、稳定性差。

3. 热电偶温度传感器

热电偶测温是基于热电动势效应原理完成的。所谓热电动势效应，是指两种不同的导体组成闭合回路，该闭合回路叫“热点回路”，若两导体两结点温度不同，则在回路中有一定电流，表明在回路中产生电动势。常用热电偶由两根不同的导线组成，它们的一端焊接在一起，叫作“热端”，放入被测介质中；不连接的两个自由端叫作“冷端”。

热电偶主要用于气体、蒸汽、液体等介质的测量，具有结构简单、制作方便、测量范围宽、精度高等特点。热电偶温度传感器的缺点是灵敏度低，线性不好，冷端需要温度补偿。

4. 集成温度传感器

集成温度传感器是采用硅半导体集成工艺制成的，因此亦称硅传感器。集成温度传感器是在 20 世纪 80 年代问世的，它将温度传感部分、放大电路、驱动电路、信号处理电路等集成在一个芯片上，可完成温度测量并具有模拟信号输出功能。集成温度传感器与热敏电阻传感器等其他温度传感器相比具有灵敏度高、响应速度快及良好的线性度和一致性等特点。同时，具有功能单一（只能测量温度）、测温误差小、价格低、传输距离远、体积小、微功耗等特点，适合远距离测温、控温，不需要进行非线性校准，外围电路简单。集成温度传感器是目前在国内外应用最为普遍的一种集成传感器。随着集成温度传感器生产成本的降低，它会在更多的领域中得到广泛应用。

小试牛刀

请简述水银体温计与寒暑表温度计在设计上的不同之处及其原因。

第 4 节　没有电的夏天怎么过?

生活物理

中国大部分地区属季风气候，在夏季，风从南方海洋吹来，因陆地比热小，易于升温，使中国局部地区比同纬度上其他地方热。回想我们的生活，以北京为例，夏季的气温通常高于 30℃，我们在户外会感觉非常闷热。这个时候我们渴望赶紧回到有空调的房间。那么，未发明空调的时候人们是如何解决闷热的问题呢？使用电风扇（见图 1-13）？但如果没有电，人们如何制冷呢？

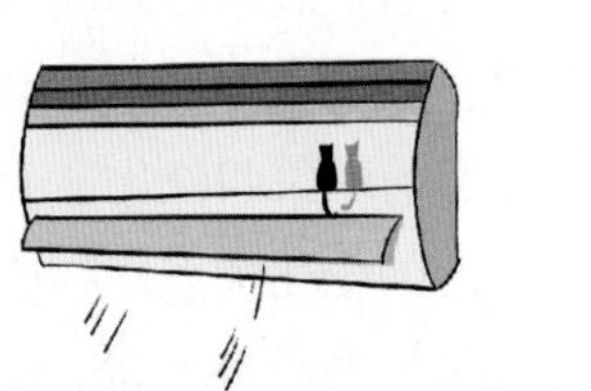
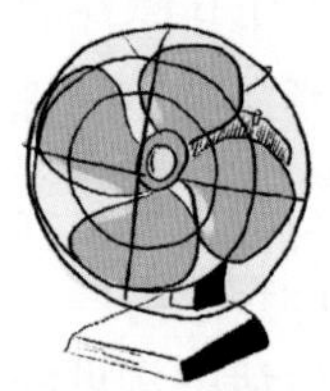

图 1-13　空调和电风扇

科学实验

取一点酒精涂抹在手上，会有什么感受？又会发生什么现象？首先手会感觉到凉爽，随后可以观察到酒精在逐渐减少，最后消失。酒精去哪儿了？为什么手会感觉到凉爽呢？

原来如此

想要说清楚这个事情，就要从物态变化说起了。通过学习前边几节，我们了解到：由于构成物质的大量分子在永不停息地做无规则热运动，且不同的分子做热运动的剧烈程度不同，就形成了物质的三种状态——固态、液态、气态。在物理学中，把物质的状态称为物态。物质由一种状态变为另一种状态的过程称为物态变化。下面我们一起详细了解物态变化。

首先，是物质的固态和液态的变化关系。物质从固态转变为液态的现象叫熔化，熔化要吸热，比如冰吸热熔化成水；反之，物质从液态转变为固态的现象叫凝固，凝固要放热，比如水放热凝固成冰。从固态转变为液态的固体又分为晶体和非晶体，晶体有熔点，温度达到熔点时（持续吸热）晶体就会熔化，熔化时温度一直等于熔点，完全熔化后温度才会上升。非晶体没有固定的熔点，所以熔化过程中的温度不定，如石蜡在熔化过程中温度不断上升。晶体熔化时温度不变，如冰熔化时，温度为 0℃，同时存在冰的固态、水的液态。

其次，是物质的气态与液态的变化关系。物质从液态转变为气态的现象叫汽化，汽化又有蒸发和沸腾两种方式，蒸发发生在液体表面，可以在任何温度下进行，是缓慢的；沸腾发生在液体表面及内部，必须达到沸点，是剧烈的。汽化要吸热，液体有沸点，当温度达到沸点时，温度就不会再升高，但是仍然要继续吸热才能持续沸腾。物质从气态转变为液态的现象叫液化，液化要放热。

最后，是不常见的物质的固态和气态的变化关系。物质从固态直接转变为气态的现象叫作升华，生活中常见的可升华的物质有干冰、樟脑丸等。物质直接从气态转变为固态的现象叫凝华。升华吸热（想让固体升华，不能达到其熔点，否则固体会先熔化再汽化），凝华放热。

在物态变化的描述过程中，我们发现每种情况都提到了吸热和放热，这就是物理中的热传递。热传递传递的是热量，改变的是内能。传递是有方向的，只要在物体内部或物体间有温度差存在，热能就必然以热传递的方式从高温处到低温处传递。

图 1-14　水缸

滴在手上的酒精会蒸发，这是汽化现象，过程中伴随着吸热，手的内能降低，会感到凉爽。类似的，古人往往在夏天会放一口盛满水的水缸（见图 1-14）在院子里或者屋内。水蒸发时会吸热，从而降低空气的温度。

“蒸发吸热”还是“蒸发降温”？

将酒精涂在温度计的玻璃泡上，温度计的示数会逐渐减小，这是因为酒精蒸发，从温度计吸收热量，使得温度计示数减小。那么酒精是如何从比自身温度高的温度计吸收热量的呢？想要了解这一现象的原因，需要从温度的微观解释入手。

我们知道组成物质的分子和原子处于无规则的热运动中。以一定量的水为例，水分子在不停地做着无规则运动，运动的速度有快有慢。在温度确定的一定量的水中，速度为 v_m 的分子数量最多，我们将 v_m 称为最概然速率，v_m 的大小与水的温度有关，更确切地说，最概然速率对应的分子动能与温度有关（如果温度的单位用热力学温度 K，相应的动能是与 T 成正比的）。因而，从微观上解释，温度反映分子热运动的剧烈程度。给水加热会使得水中分子运动速率增大，相应地 v_m 也增大。

水中的分子处于无规则运动中，在水的表面附近，一些速率高（动能大）的分子（这些分子的速率大于 v_m，动能大于平均动能）会克服分子间的引力，脱离液面而向外飞出。速率高（动能大）的分子逐渐脱离液面，会导致整个体系的平均动能减小，在宏观上会表现出水的温度降低。如果水与其他物体接触，就会表现出从其他物体中吸收热量。因而，确切地说是蒸发导致液体温度降低，低温的液体可能从环境中吸收热量。

另外一个问题，水是否可以一直蒸发？脱离水面的水分子在与空气中的分子碰撞后可能会再次回到水里，一般情况下脱离的水分子数目多于返回水中的水分子的数目，整体表现为水的蒸发。但是当液体上方凝聚了大量水蒸气时，脱离的和返回的水分子数目可能相等（当气相压力的数值达到饱和蒸汽压力的数值时，液相的水分子仍然不断地汽化，气相的水分子也不断地液化成液体，只是由于水的汽化速度等于水蒸气的冷凝速度，液体量才没有减少，气体量也没有增加，液体和气体达到动态平衡状态），此时蒸发就会停止，液面附近水分子处于脱离和返回的动态平衡状态下。

理解了液体蒸发的微观过程之后，就可以很容易理解为什么增加液体表面积、加快液体上方空气流速和提高液体温度均可以加快液体蒸发。

小试牛刀

在水缸中加入冰块对暑期降温有没有更好的作用呢？

第 2 章
化学家不想再切的粒子——原子

第 1 节　谁的模型最好？

生活物理

我们知道，生活中的物体都是由各种物质组成的，组成不同物质的微观粒子是不同的分子。化学课上，我们又了解到分子是由原子组成的，因为原子之间结合方式不同，分子表现出了不同的化学性质。原子的尺度比可见光的波长还要小得多，那原子到底是什么样的？人们是如何认识原子结构的呢？

原来如此

自从英国化学家和物理学家道尔顿创立原子学说，很长时间内人们都认为原子就像一个小得不能再小的玻璃实心球，里面再也没有什么花样了。

1858 年，德国科学家普吕克发现阴极射线，此后，克鲁克斯、赫兹、勒纳、汤姆生等一大批科学家研究了阴极射线，历时二十余年。最终，汤姆生发现了电子的存在。通常情况下，原子是不带电的，既然从原子中能跑出比它质量小 1700 倍的带负电电子，这说明原子内部还有结构，也说明原子里还存在带正电的东西，它们带的正电应和电子所带的负电中和，使原子呈中性。

随后科学家们在持续研究中不断建立模型，又不断推倒模型，建立新的模型。

1. 葡萄干蛋糕模型

发现电子后汤姆生继续进行更有系统的研究，尝试描绘原子结构。汤姆生认为原子含有一个均匀的阳电球，若干阴性电子在这个球体内运行。如果电子的数目不超过某一限度，则这些运行的电子所成的一个环必能稳定。如果电子的数目超过这一限度，所成的环将裂成两环，以此类推，直至多环。这样，电子的增多就使原子在结构上呈周期的相似性，而门捷列夫周期表中元素物理性质和化学性

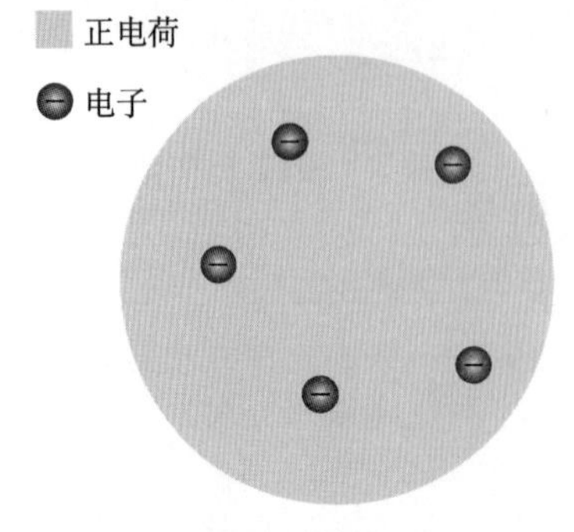

图 2-1 汤姆生葡萄干蛋糕模型

质的重复再现，或许也能以此解释。

汤姆生因此提出：电子分布在球体中，像葡萄干点缀在一块蛋糕里。很多人把汤姆生的原子模型称为“葡萄干蛋糕模型”（见图 2-1）。它不仅能解释原子为什么是电中性的，电子在原子里是怎样分布的，还能解释阴极射线现象和金属在紫外线的照射下能发出电子的现象。而且根据这个模型，还能估算出原子的大小约为 10^{-10} m，这是一件了不起的事情。由于汤姆生模型能解释当时很多实验事实，所以很容易被许多物理学家所接受。

2. 核式结构模型（太阳系模型）

英国物理学家欧内斯特·卢瑟福在 1895 年来到英国卡文迪许实验室，跟随汤姆生学习，成为汤姆生第一位来自海外的研究生。卢瑟福勤奋好学，在汤姆生的指导下，卢瑟福在做他的第一个实验——放射性吸收实验时发现了 α 射线。

卢瑟福设计了巧妙的实验，他把铀、镭等放射性元素放在一个铅制的容器里，只在铅容器上留一个小孔。由于铅能挡住放射线，所以只有一小部分放射线从小孔中射出来，成为一束很窄的放射线。卢瑟福在放射线束附近放了一块很强的磁铁，结果发现有一种放射线不受磁铁的影响，保持直线行进；第二种放射线受磁铁的影响，偏向一边，但偏转得不厉害；第三种放射线偏转得很厉害。

卢瑟福在放射线前进的方向上放置不同厚度的材料，观察放射线被吸收的情况。第一种放射线不受磁场的影响，说明它是不带电的，而且有很强的穿透力，一般的材料，如纸、木片等都挡不住它，只有比较厚的铅板才可以把它完全挡住，这种放射线称为 γ 射线。第二种放射线受磁场的影响而偏向一边，从磁场的方向可判断出这种放射线是带正电的，这种放射线的穿透力很弱，只要用一张纸就可以完全挡住它。这就是卢瑟福发现的 α 射线。第三种放射线可由偏转方向断定是带负电的，性质同快速运动的电子一样，称为 β 射线。卢瑟福对 α 射线特别感兴趣，经过深入细致的研究后指出：α 射线是带正电的粒子流，这些粒子是氦原子的离子，即少两个电子的氦原子。

1910 年，马斯登来到曼彻斯特大学，卢瑟福让他用 α 粒子轰击金箔，做练习实验，利用荧光屏记录那些穿过金箔的 α 粒子（见图 2-2）。按照汤姆生的葡萄干蛋糕模型，质量微小的电子分布在均匀的带正电的物质中，而 α 粒子是失去两个电子的氦原子，它的质量比电子大几千倍。当这样一枚“重型炮弹”轰击原子时，小小的电子是抵挡不住的，而金原子中的带正电的物质均匀分布在整个原子体积中，也不可能抵挡住 α 粒子的轰击。也就是说，α 粒子将很容易地穿过金箔，即使受到一点阻挡，也仅仅是 α 粒子穿过金箔后稍微改变一下前进的方向而已。这类实验卢瑟福已经做过多次，他的观测结果和汤姆生的葡萄干蛋糕模型符合得很好。α 粒子受金原子的影响稍微改变了方向，它的散射角度极小。

马斯登和盖革重复着这个已经做过多次的实验，奇迹出现了——他们不仅观察到散射的 α 粒子，而且观察到被金箔反射回来的 α 粒子（见图 2-2）。卢瑟福在晚年的一次演讲中描述了当时的情景，他说：“我记得盖革非常激动地来到我这里，说‘我们得到了一些反射回来的 α 粒子……’，这是我一生中遇到的最不可思议的事件。这就像你对着卷烟纸射出一枚 15 in① 的炮弹，却被反射回来的炮弹击中一样不可思议。经过思考之后，我认识到这种反向散射只能是单次碰撞的结果。经过计算我看到，如果不考虑原子质量绝大部分集中在一个很小的核中，那是不可能得到这个数量级的。”

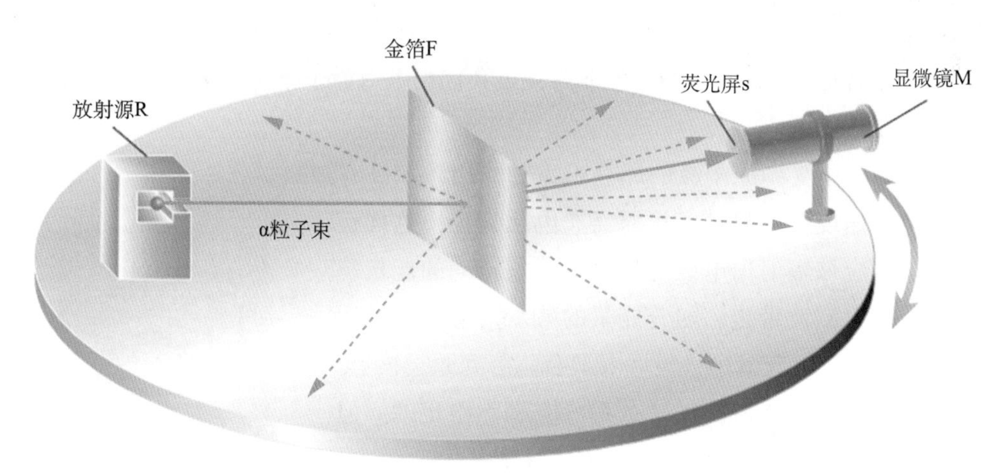

图 2-2 α 粒子散射实验示意图

① 1 in=2.54 cm。

卢瑟福所说的“经过思考之后”不是思考了一两天，而是思考了一两年。在做了大量的实验和理论计算并深思熟虑后，他才大胆地提出了有核原子模型，推翻了他的老师汤姆生的实心带电球原子模型。

卢瑟福检验了在实验中反射回来的的确是 α 粒子后，又仔细地测量了反射回来的 α 粒子的总数。结果表明，在他们的实验条件下，每入射 8000 个 α 粒子就有一个 α 粒子被反射回来。用汤姆生的实心带电球原子模型和带电粒子的散射理论只能解释 α 粒子的小角度散射，而无法解释大角度散射。多次散射可以得到大角度的散射，但计算结果表明，多次散射的概率极其微小，和上述 8000 个 α 粒子中就有一个被反射回来的观察结果相差太远。

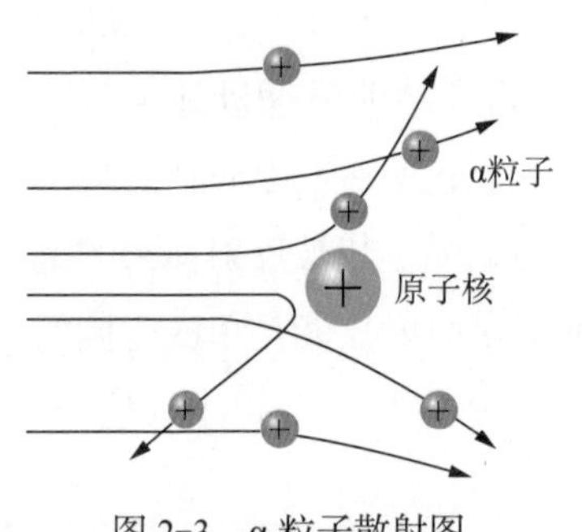

图 2-3　α 粒子散射图

卢瑟福提出的原子模型像太阳系，带正电的原子核像太阳，带负电的电子像绕着太阳转的行星。在这个“太阳系”，支配它们之间的作用力是电磁相互作用力。他解释说，原子中带正电的物质集中在一个很小的核心上，而且原子质量的绝大部分也集中在这个很小的核心上。当 α 粒子正对着原子核心射来时，就有可能被反弹回去（见图 2-3）。

卢瑟福的核式结构模型已经非常接近我们当下对原子结构的认识。

3. 玻尔模型

核外电子受到原子核的库仑引力的作用，却没有被吸引到原子核上，而是以一定的速度绕核运动。按照经典电磁理论，这样运动的电荷应该辐射出电磁波，电子绕核转动的能量将不断地被电磁波带走。随着能量的减少，电子绕核运动的轨道半径也应减小，最后电子会坠落到原子核上。由此判断，电子绕核转动这个系统应是不稳定的。但事实并非如此，原子是一个很稳定的系统。

图 2-4　尼尔斯·亨利克·大卫·玻尔

卢瑟福的理论吸引了一位来自丹麦的年轻人，他的名字叫尼尔斯·亨利克·大卫·玻尔（见图 2-4）。在卢瑟福模型的基础上，他提出了电子在核外的量子化轨道，解决了原子结构的稳定性问题，给出了完整而令人信服的原子结构学说。

玻尔 1885 年出生在哥本哈根，1911 年获哥本哈根大学博士学位，1912 年 3—7 月在卢瑟福的实验室进修，其间孕育了他的原子理论。玻尔首先把普朗克的量子假说推广到原子内部的能量，来解决卢瑟福原子模型在解释稳定性方面的困难。他假定原子只能通过分立的能量子来改变它的能量，也就是能量是一份一份的，每一份都有固定的数值。

玻尔的原子理论给出这样的原子图像：电子在一些特定的可能轨道上绕核做圆周运动，离核越远能量越高；当电子在这些可能的轨道上运动时原子不发射也不吸收能量，只有当电子从一个轨道跃迁到另一个轨道时原子才发射或吸收能量。玻尔的理论成功地说明了原子的稳定性和氢原子光谱线规律。

小试牛刀

按照原子的核式结构模型的比例，假如原子核有一粒绿豆那么大，那么整个原子有多大？

第 2 节 中子是如何被发现的？

生活物理

我们现在对原子的认识中，提到了原子核是由带正电的质子和不带电的中子组成的。中子既然不带电，就不会对其他带电粒子产生力的作用，那么科学家是如何发现中子的存在的呢？

原来如此

原子由带正电荷的原子核和围绕原子核运转的带负电荷的电子构成。原子的质量几乎全部集中在原子核上。起初，人们认为原子核的质量（按照卢瑟福和玻尔的原子模型理论）应该与它含有的带正电荷的质子数成正比。可是，一些科学家在研究中发现，原子核的正电荷数与它的质量居然不成正比！也就是说，原子核除了含有带正电荷的质子，还应该含有其他的粒子。那么，“其他的粒子”是什么呢？

图 2-5 詹姆斯·查德威克

解决这一物理难题、发现“其他的粒子”是中子的，就是著名的英国物理学家詹姆斯·查德威克（见图 2-5）。1891 年出生的物理学家詹姆斯·查德威克于曼彻斯特大学毕业后专攻放射性现象的研究。后到剑桥大学，在卢瑟福教授的指导下取得许多成绩。1935 年因发现中子获诺贝尔物理学奖。第二次世界大战中，他曾到美国从事核武器研究，1974 年逝世。

1930 年，科学家玻特和贝克用 α 粒子轰击铍时，发现有一种穿透力很强的放射线，他们以为是 γ 射线，并未理会。韦伯斯特甚至对这种放射线做过仔细鉴定，看到了它的中性性质，但难以给出解释，因而未再继续深入研究。

1931 年，约里奥 · 居里夫妇——居里夫人的女儿和女婿公布了他们关于石蜡在“铍射线”照射下产生大量质子的新发现。查德威克立刻意识到，“铍射线”很可能就是由中性粒子组成的，这种中性粒子就是解开原子核正电荷与其质量不相等之谜的钥匙!

查德威克立刻着手研究约里奥 · 居里夫妇做过的实验，用云室测定这种粒子的质量，结果发现，这种粒子的质量和质子一样，而且不带电荷。他称这种粒子为“中子”。

中子就这样被查德威克发现了。他解决了理论物理学家在原子研究中遇到的难题，使原子物理研究取得突破性进展。后来，意大利物理学家费米用中子做“炮弹”轰击铀原子核，发现了核裂变和裂变中的链式反应，开创了人类利用原子能的新时代。

小试牛刀

当人们发现了质子，并在很多原子核中打出了质子以后，有什么理由可以认定原子核中还存在着其他粒子?

第 3 节　化石年代比较

生活物理

考古学家在考古过程中会发现一些化石。拿到化石后，考古学家可以用一些仪器检测化石的年代。年代的确定在考古研究中有非常重要的意义。那么究竟什么科学手段能帮助考古学家确定年代呢?

原来如此

在地球大气层中有大量的氮 14，氮 14 原子有 7 个质子和 7 个中子。在宇宙射线的作用下，氮 14 原子得到一个中子同时失去一个质子，变为拥有 6 个质子和 8 个中子的碳 14 原子。碳 14 特殊的原子结构导致它非常不稳定，所以被称为放射性碳同位素。放射性元素放射出粒子而转变为另一种元素的过程称为衰变。

大气中含有大量的氮 14，在宇宙射线的不断作用下，氮 14 就会不断变为碳 14。碳 14 与空气中的氧气结合，形成含碳 14 的二氧化碳。植物通过光合作用吸收二氧化碳，动物食用植物，人类食用植物和动物。这样碳 14 就在整个生物链中流通起来了。

由于生物的新陈代谢，包括植物光合作用及生物的呼吸作用等，碳 14 在整个食物链中处于一个动态平衡的状态。可以理解为整个生物圈中碳 14 的含量在某个时期与当时的大气中碳 14 的含量是相同的。当生物死亡之后，放射性碳 14 立即开始衰变，形成稳定氮同位素和一个中子。放射性元素的原子核有半数发生衰变时所需要的时间叫半衰期。碳 14 的半衰期为 5730 年。

生物死亡之后就不再吸收碳 14，但是碳 14 的衰变仍在继续。当一个半衰期之后，就只剩下一半的碳 14，第二个半衰期之后就只剩下四分之一的碳 14，以此类推。所以通过测定样品中剩余碳 14 的含量就可以知道样品的年龄。理论上碳 14 的含量不断减少，但永远不会为零，只会无限接近零。50 000 年之前的样品中碳 14 含量非常少，所以检测结果并不可靠。

这种检测方法被称为放射性碳定年法，又称碳 14 断代法或者碳 14 年代测定法。

放射性碳定年法的应用

1. 树木年轮年代学与放射性碳定年法

树木年轮是在树木茎干的韧皮部里的一圈形成层，如图 2-6 所示。年轮记录了大自然千变万化的痕迹，是一种极珍贵的科学资料，这一点已为人们所公认。为了观察年轮，可以用一种专用的钻具从树皮钻入树心，然后取出一个薄片，上面有全部的年轮。这样不用砍倒树木就可以知道树木的年龄，从而为科学家提供研究的材料。

图 2-6　树木年轮

树木年轮测定结果在放射性碳测年的初期起到了重要作用。树木年轮提供了检查碳 14 测年方法准确性所需要的年龄已知材料。20 世纪 50 年代后期，几位科学家能够根据树木的碳测年收集结果确认放射性碳年龄和日历年龄之间的差异。树木年轮根据树木年轮学测定。

原则上，通过比较某含碳样品的放射性碳含量和一个已知日历年龄的年轮放射性碳含量，就可以很容易确定样品的年龄。如果样品的放射性碳含量和树木年轮的一样，则可以有把握地得出它们的年龄相同的结论。

在实践中，许多因素导致树木年轮校正并没有那么简单。其中最重要的是，对树木年轮和样品进行测量其结果精准度有限，因此得到的是一个估计的历年范围。

2. 地下水放射性碳测年

地下水放射性碳测年可以表明地下水停止与空气等其他物质直接接触的时间，例如它可以表示水何时流入地下。然而，对于生存于含水层露头区和空气中的植物，在计算它们产生的碳酸盐种类时还需考虑含水层（母岩）中古代碳沉积的作用，这就增加了许多不确定因素，使得年代测试结果存在误差。由于这个原因，地下水放射性碳测年在重复取样的时候变得更有效，这可以很大程度地修正不确定因素。对在所有情况下统计的多个数据进行分析才是最有效的。同样地，未修正的表观年龄也可以被解释为最大年龄，地下水的真实年龄可能等于或者小于它们的表观年龄。

提取水中的碳酸盐用于放射性碳测年，该测量可以提供有关地下水沉积补给以及水流流向和频率的信息。这对于来自 10～40 000 年的样品都有效。地表水和降雨从空气中吸收少量二氧化碳后流入地下。这时，水开始接触土壤气体，在这里植物（根的呼吸作用）气体分压产生的二氧化碳要高得多。这些因素也都要考虑。

已知钍 234 的半衰期是 24 d，1 g 钍 234 经过 120 d 后还剩多少？

第 4 节 核武器的原理

生活物理

核能是蕴藏在原子核内部的能量。核能的发现是人们探索微观物质结构的一个重大成果。人类通过许多方式利用核能，如发电、制作核武器等。如今，全世界大约有 16% 的电能是由核反应堆生产的。秦山核电站（见图 2-7）是我国自行设计、建造和运营管理的第一座 30 万千瓦压水堆核电站。核能的利用可以有效缓解常规能源的短缺问题。目前掌握核武器技术并拥有核武器的国家非常少，而我国正是其中之一。那么核武器的原理又是什么呢？

图 2-7 秦山核电站

原来如此

原子核中的质子和中子统称为核子。原子核是核子凭借核力结合在一起构成的，要把它们分开，也需要能量，这就是原子核的结合能。自然组成原子核的核子越多，原子核的结合能就越高。原子核的结合能与核子数之比，即一个原子核中每个核子结合能的平均值，称作平均结合能。平均结合能越大，原子核中核子结合得越牢固，原子核越稳定。也可以理解为平均能量低的原子核更稳定。

众多元素中，铁的平均结合能最大。因此，比铁轻的原子多能聚变，最终变为铁原子；比铁重的原子多能裂变，最终变为铁原子。在大多数恒星的内部为无法通过裂变或聚变获得能量的铁核。也就是说，核反应的方向都是朝着铁元素进行的。在核反应发生的过程中，由于平均结合能变大，对外就会释放能量。这些能量又是从哪儿来的呢？

原子核的结合能很难直接测量。幸好，爱因斯坦给我们指出了物体的能量与它的质量的关系，即 $E=mc^2$，其中 c 为真空中光的速度。单个质子、中子的质量已经精确测定。测定某种原子核的质量，与同等数量的质子、中子的质量之和相比较，看一看两条途径得到的质量之差，就能推算出原子核的结合能。结合能的差值来源于质量的变化，即质量亏损。也就是说，亏损的质量所转化的能量，就是核能。

1938 年年底，德国物理学家哈恩和他的助手斯特拉斯曼在用中子轰击铀核的实验中发现，生成物中有原子序数为 56 的元素钡。奥地利物理学家迈特纳和弗里施对此给出了解释：铀核在被中子轰击后分裂成两块质量差不多的碎块。弗里施借用细胞分裂的生物学名词，把这类核反应定名为核裂变。

铀核裂变的产物是多样的，一种典型的铀核裂变会生成钡和氪，同时放出 3 个中子。这种反应一旦发生就很难停止。核裂变时产生两或三个中子，如果这些中子继续与其他铀 235 发生反应，再引起新的核裂变，就能使核裂变反应不断地进行下去。这种由重核裂变产生的中子使核裂变反应一代接一代继续下去的过程叫作核裂变的链式反应，如图 2-8 所示。

原子弹是利用重核裂变的链式反应制成的，在极短时间内能够释放大量核能，发生猛烈爆炸。核电站也利用了这个反应，但是不像原子弹那样让链式反应持续发生下去，这其中就需要一个关键性的镉棒。镉吸收中子的能力很强，当反应过于激烈时，将镉棒插入深一些，让它多吸收一些中子，链式反应的速度就会慢一些。这种镉棒叫作控制棒。

两个轻核结合成质量较大的核，这样的核反应叫作核聚变。例如一个氘核与

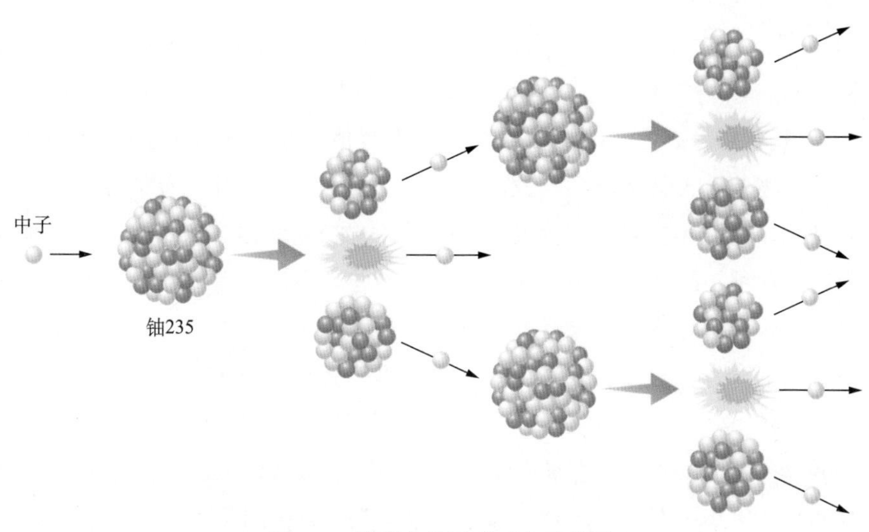

图 2-8　核裂变的链式反应示意图

一个氚核聚合成一个氦核的同时放出一个中子，释放的能量比核裂变反应中平均每个核子放出的能量大 3～4 倍。要使轻核发生核聚变，轻核之间的距离要达到 10^{-15} m 以内，这样核力才能起作用。由于原子核都带正电，要使它们接近到这种程度，必须克服巨大的库仑斥力。也就是说，原子核要有很大的动能才会“撞”到一起。什么办法能使大量原子核获得足够的动能而发生核聚变呢？当物质的温度达到几百万开尔文时，剧烈的热运动使得一部分原子核具有足够的动能，可以克服库仑斥力，碰撞时十分接近，发生核聚变。因此，核聚变又叫热核反应。热核反应一旦发生，就不再需要外界给它能量，靠自身产生的热就会使反应继续下去。

一个氘核与一个氚核聚合成一个氦核的同时放出一个中子的核聚变反应就是制造氢弹的原理，太阳每时每刻都在发生这样的核反应。

科学中国

两弹一星

两弹一星最初是指原子弹、导弹和人造卫星。“两弹”中的一弹是指原子弹，后来演变为原子弹和氢弹的合称；另一弹是指导弹。“一星”则是指人造地球卫星。

20 世纪五六十年代，中国面临严峻的国际形势，为抵制帝国主义的武力威胁和核讹诈，以毛泽东同志为核心的第一代党中央领导集体根据当时的国际形势，为了保卫国家安全、维护世界和平，果断地做出了独立自主研制“两弹一星”的战略决策。大批优秀的科技工作者，包括许多在国外已经有杰出成就的科学家，以身许国，怀着对新中国的满腔热爱，响应党和国家的召唤，义无反顾地投身到这一神圣而伟大的事业中来。他们和参与“两弹一星”研制工作的广大干部、工人、解放军指战员一起，在当时国家经济、技术基础薄弱和工作条件十分艰苦的情况下，自力更生，发奋图强，依靠自己的力量攻克了核弹（原子弹和氢弹）、导弹和人造卫星等尖端技术，取得了举世瞩目的辉煌成就。

1999 年 9 月 18 日，在庆祝中华人民共和国成立 50 周年之际，由中共中央、国务院及中央军委制作了“两弹一星功勋奖章”，授予 23 位为研制两弹一星做出突出贡献的科技专家，如图 2-9 所示。

图 2-9 “两弹一星功勋奖章”获得者

小试牛刀

有人说要研发氢弹，需要先研发出原子弹，这是什么原因呢？

第 3 章

长跑冠军——光

第 1 节　聪明如光

生活物理

两点之间线段最短，这是常识。比如蚂蚁会在情况允许的时候选择沿直线前进。但有时候情况并不那么简单，如下面的例子：小明参加越野跑，从 A 点出发，要到达目的地 C 点，行进路径需要经过沙地和公路，如图 3-1 所示。小明在沙地跑得比较慢，速度为 v_1；在公路跑得比较快，速度为 v_2。你认为他应该怎样选择路线，从而更快地由 A 到达 C 呢？

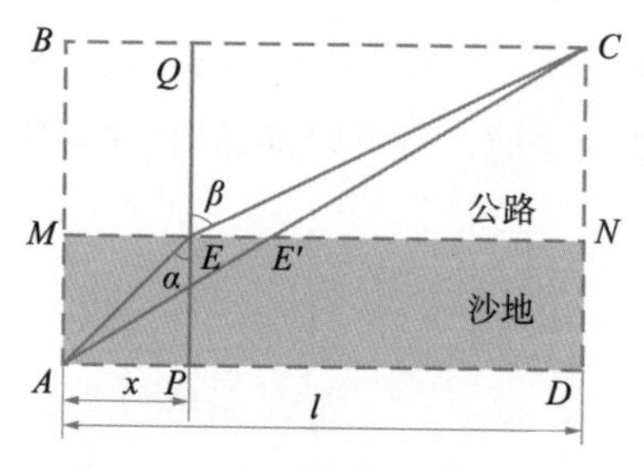

图 3-1　越野跑路径选择

实际上，我们会偏向在行进速度慢的沙地少走一些，在行进速度快的公路多走一些，以换取较小的总时间，但这并不意味着沙地行进距离越短越好。

科学实验

请准备好玩具激光笔、无色透明的玻璃杯、清水、牙签、面粉。将少量面粉倒入清水中并搅拌均匀，用激光笔倾斜照射水面某个位置，然后用牙签表示激光笔发出的激光的行进轨迹。仔细观察，激光在水中是按照牙签的方向进行传播的吗？

原来如此

事实上，早在 1662 年，法国科学家皮埃尔·德·费马在研究光的传播时就曾提出相关的理论。费马最初以自然现象都是经济的，提出最短时间原理，光在介质中传播时所选择的传播路线总是使其传播过程所用时间最短的路线。光在传输过程中是如此聪明，它的“思考”实在是又快又准，令人佩服！后来又将费马原理推广到了其他极值情形。

1. 光沿直线传播与费马原理

如图 3-2 所示，光在同种均匀介质中从 A 点向 B 点传播的过程中会有无数种可能，我们从所有可能中选择三种情形进行描述，分别称之为“路线 a”“路线 b”“路线 c”，光在三个路线上传播的距离分别为 S_a、S_b 和 S_c。光在某种均匀介质中传播速度大小为 v，那么光从 A 传播到 B，选择路径 b 时，所需时间最短。在费马原理中，将时间取极小值，就可以推导出光的直线传播规律了。

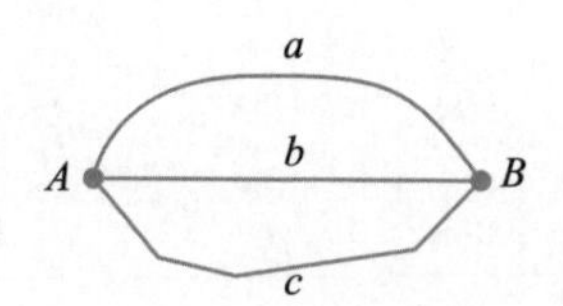

图 3-2 光沿直线传播的三种情形

如果光在均匀介质中从 A 点经过反射面向 B 点传播，任选反射面上的一点 O 点，通过前文可以知道，光从 A 点向 O 点以及从 O 点向 B 点的传播过程中都是沿直线传播的，且速度均为 v。因此假设光的传播路径如图 3-3 所示，光在反射过程中，入射角为 α，反射角为 β；A、B 两点之间的水平距离为 S_{AB}，到达反射面的距离分别为 H_A 和 H_B。在光在反射过程中，当反射角 β 等于入射角 α 时，根据相关数学运算，传播的时间是最短的。根据费马原理，将时间取极小值，也可以推导出光的反射规律（见图 3-3）。

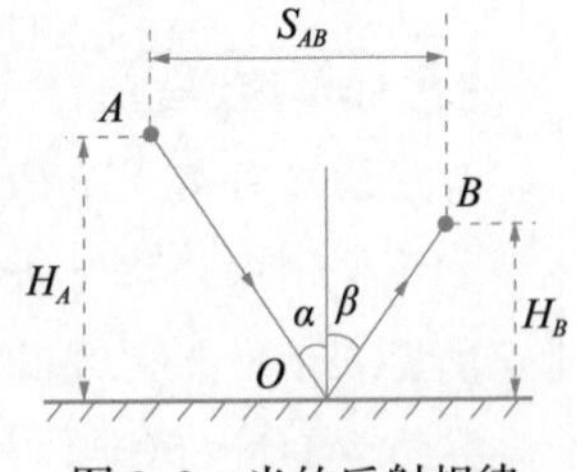

图 3-3 光的反射规律

2. 光的折射规律与费马原理

如果光在一种均匀介质中从 A 点经过折射面 O 点向另一种介质中的 B 点传播，任选折射面上的一点 O 点，依据前文，光从 A 点向 O 点以及从 O 点向 B 点的传播都是沿直线进行的。光从一点 A 传播到另一点 B，找出所用时间最短的路径，这也是光发生折射时所走的路径。根据费马原理，将时间取极小值时，也可以推导出光的折射规律。

思维拓展

费马原理还可表述为：光在指定两点间传播，实际光程总是一个极值。光沿着光程为极小值、极大值或恒定值的路径传播。费马原理更正确的称谓应是“平稳时间原理”，即光沿着所需时间为平稳的路径传播。所谓的平稳是数学上的微分概念，可以理解为一阶导数为零，它可以是极大值、极小值，甚至是拐点。

对于凸透镜而言，根据费马原理，所有同光轴平行的光束传播到一点所经历的光程均为极值，所以两条平行于主光轴的光线到达焦点所经过的光程应该相等。可以推导出由同一点发出的不同入射光线的像点均不同，还会受很多因素的影响，因此我们可以将从同一物点发出的光线看作近似会聚在一点，得到一个较理想的像点，而事实要复杂得多。

科学中国

高锟与光纤：圆一个跨越时代的梦想

今天，即使相隔数千万里，借助高速光纤网络，也可以在顷刻间进行视频通话。通过互联网，影音画面触手可及，这是一个前所未有的时代，光纤通信技术重新塑造了世界的面貌。回溯整个近代通信史，有一个名字如何也绕不过去，他的发明开启了高速光纤通信的新纪元，为人类带来了互联网、信息化的世界，他就是光纤之父——高锟（见图 3-4）。

2009 年 10 月 6 日，瑞典皇家科学院在斯德哥尔摩宣布，将 2009 年诺贝尔物理学奖授予英国华裔科学家高锟，颁奖词中明确他在光学通信方面应用光在纤维中的传输技术取得了突破性成就而获奖。

图 3-4 高锟

1966 年，高锟提出用玻璃代替铜线传输信息的大胆设想，利用玻璃清澈、透明的性质，使用光来传送信号。他当时的出发点是想改善传统的通信系统，使它传输的信息量更多、速度更快。对于这个设想，许多人都认为匪夷所思，甚至认为高锟简直是白日做梦。那段时间，许多人屡屡嘲笑高锟，称世界上并不存在毫无杂质的玻璃，但他直面传统思维的挑战，坚定自己的设想没有丝毫动摇。结果，在一片争议声中，高锟把设想变为现实。他发明了石英玻璃，于 1981 年制造出世界上第一根光导纤维，使科学界大为震惊。从此，比人的头发还要纤细的光纤取代了体积庞大的铜线，成为传送容量接近无限的信息传输管道，彻底改变了人类的通信模式。从理论到实践，只有真正转化出成果，才能充分论证光导纤维的可行性。为寻找“没有杂质的玻璃”，高锟费尽周折，去了许多玻璃工厂讨论玻璃的制法，还到美国贝尔实验室及日本、德国向不同的材料专家请教。

光纤是光导纤维的简称，是一种由玻璃或者其他材料制成的光波导（见图 3-5）。光能够在光纤中传输的最基本的原理就是光的全反射。光纤中间的纤芯是光密介质，外面的包层是光疏介质，当调整入射角的大小时，就可以发生类似“全反射管道”的多次连续的全反射现象，从而实现光的弯曲传播。

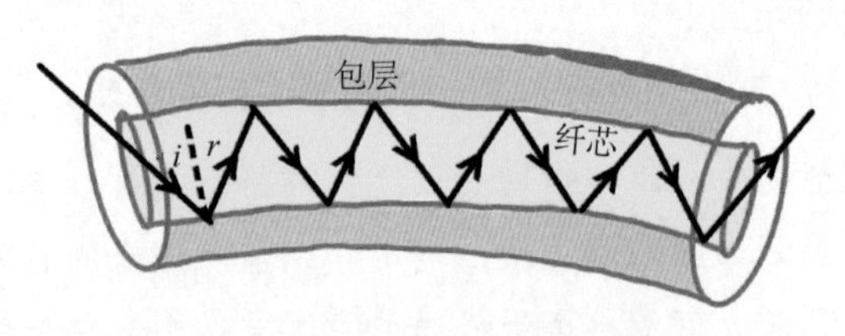

图 3-5 光波在光纤中传播

1996 年，中国科学院紫金山天文台将国际编号为 3463 的小行星命名为“高锟星”。我们在仰望星空的时候，不能忘记有一位老人曾倾注毕生心血在通信领域，用一束束光纤将整个世界连接在一起。如今，铺设在地下和海底的玻璃光纤已超过10亿千米，足以绕地球2.5万圈，并仍在以每小时数千千米的速度增长。而在遥远的星空，“高锟星”依旧闪耀着光芒，像高锟生前的笑容一般真切璀璨。

小试牛刀

利用白糖和水配置不同浓度的糖水，用激光笔从同一个角度向同一个点发射激光。请结合本节知识解释不同浓度糖水中光为什么会发生偏折？仔细观察，它们的偏折角度是一样的吗？你认为这和什么因素有关系？

第2节　光是一种波吗?

生活物理

电影《大话西游》中的紫霞仙子说:“我的意中人是个盖世英雄，有一天他会踩着七色云彩来娶我。”七色云彩是人们对事物的美好向往，在我们的文化中，出现七色云彩意味着好事要发生。其实，七色云彩在日常生活中真的会出现，在物理学中我们将拥有多种颜色的云朵按照形成原因的不同分为日华（见图 3-6）、珠母云（见图 3-7）和虹彩幞状积雨云（见图 3-8）。

图 3-6　日华

图 3-7　珠母云

图 3-8　虹彩幞状积雨云

所谓日华，实际上是云围绕着太阳形成一圈圈彩色圆环，完整的日华很容易分辨，圆环的中心位置是太阳。虹彩幞状积雨云则不同，太阳并不一定位于七彩云的中间，通常位于积雨云的顶部。珠母云是“全球九大罕见云”中最罕见的云，通常只出现在地球极地地区，我国境内还没有观测到的记录。

2022 年 7 月，浙江文成出现了罕见的“七彩祥云”，这种云就属于虹彩幞状积雨云。其形成原因是幞状云高度足够高，内部有许多小冰晶，若小冰晶颗粒较小且均匀，光在通过时，首先会发生色散，之后不同的色光发生不同程度的干涉和衍射现象，这就导致光源周围形成内蓝外红的彩虹光环。受云层厚度的影响，虹彩会随着云层的变化而变化，通常还会呈现出波浪形。

科学实验

请利用白砂糖、胶水、洗手液、清水、吸管自制泡泡液。在水中依次倒入适量的白砂糖、胶水和洗手液，并用吸管搅拌均匀。在阳光下吹出泡泡，请仔细观察一个泡泡，它的颜色是均匀且单一的吗？

原来如此

吹出的泡泡是彩色的，这就是光的干涉现象，它证明了光的波动性。那么什么是光的干涉？

1807 年，托马斯·杨的《自然哲学讲义》问世，他在书中第一次对双缝实验进行记载与描述。把一支蜡烛放在一张开了一个小孔的纸前面，这样就形成了一个点光源（从一个点发出的光源）。在纸后面再放一张纸，不同的是第二张纸上开了两道平行的狭缝。从小孔中射出的光穿过两道狭缝投到屏幕上，就会形成一系列明、暗交替的条纹（见图 3-9），这就是著名的双缝干涉实验，由此建立了光的波动理论。

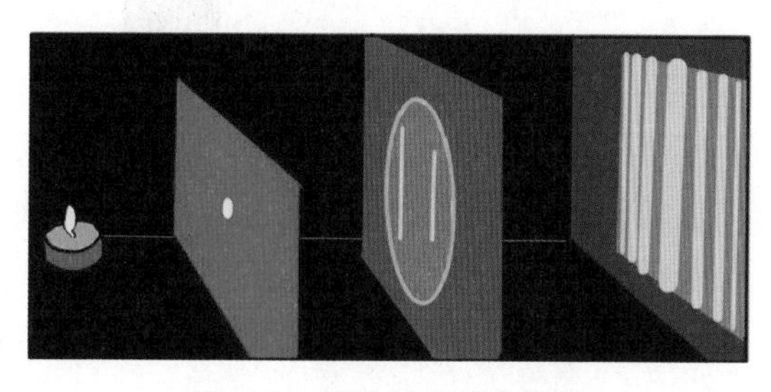
图 3-9　杨氏双缝干涉实验

在杨氏双缝干涉实验中，缝宽 a 远小于光的波长 λ，每个小缝相当于一个线光源，由其发出的光波都可以用光的直线传播模型进行描述，其光波是均匀的，且振幅是相同的（见图 3-10）。由第二张白纸上的狭缝 S_1、S_2 发出的两列光波在空间相遇，发生相干叠加。因为振幅和相位在空间的分布不同，相位相同的区域振动加强，相位相差 π 的区域振幅减弱，形成稳定的强弱分布（见图 3-11），于是产生稳定的明暗相间的干涉条纹图样。

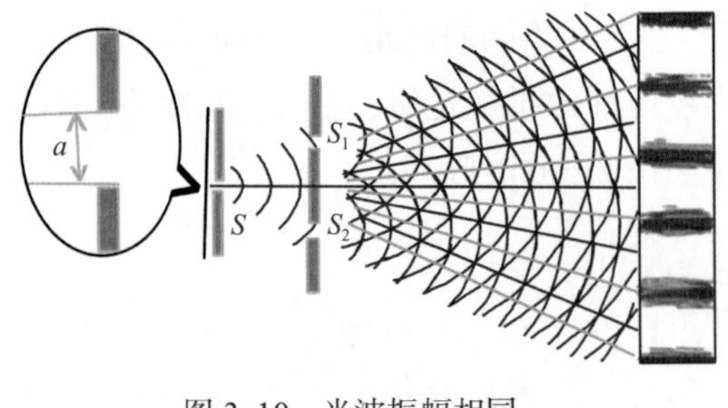

图 3-10　光波振幅相同

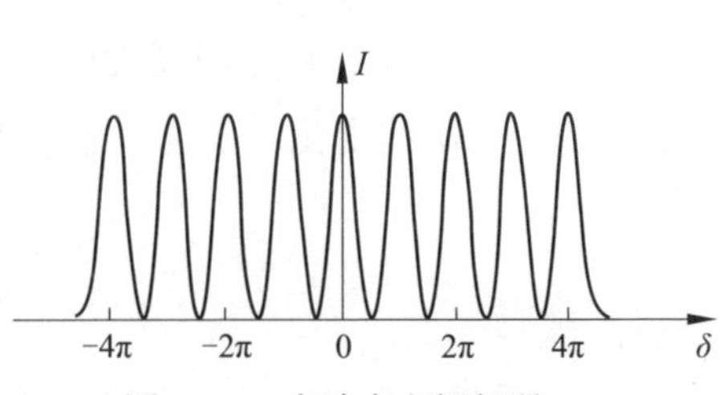

图 3-11　光波在空间相遇

除了光的干涉，光的衍射也可以证明光的波动性。光沿直线传播，经过小孔会在后面的幕布上留下一块明亮区域（见图 3-12）。事实上，光波异常“聪明”，当光波遇到障碍时，能够绕过障碍物，并在其后的几何阴影区内出现一些亮条纹（见图 3-13），我们将光偏离直线传播的现象定义为光的衍射。1665 年，意大利物理学家格里马迪观察光线通过木棒之后形成的影子，发现影子并没有明显的边界，因此发现了光的衍射。1818 年，菲涅尔在光的波动性原理上补充了“次波相干叠加”原理，从而发展成惠更斯 - 菲涅尔原理，直至 1882 年，基尔霍夫利用数学原理推导出菲涅尔 - 基尔霍夫衍射积分公式，使光的衍射有了理论支持。

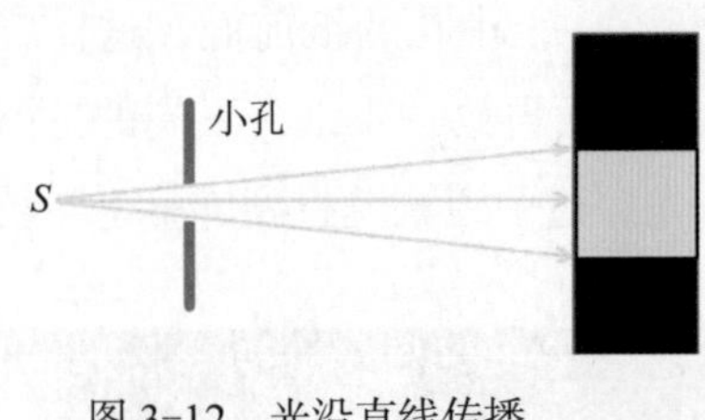

图 3-12　光沿直线传播

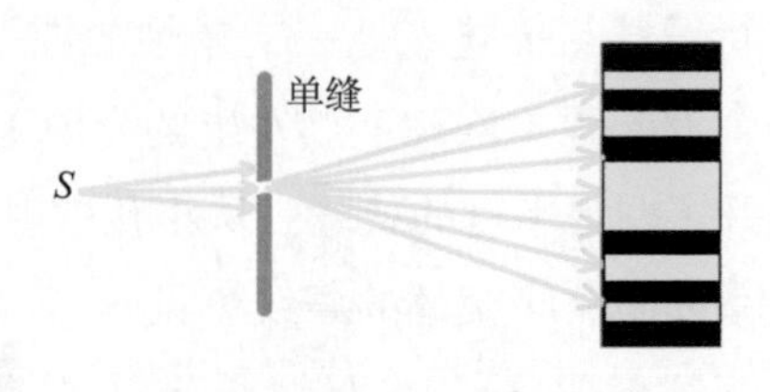

图 3-13　光的衍射

光的衍射一般分为两种，一种是菲涅尔衍射，如图 3-14 所示；一种是夫琅禾费衍射，如图 3-15 所示。其中菲涅尔衍射指障碍物与光源和衍射图样的距离分别为有限远的情况；而夫琅禾费衍射指障碍物与光源和衍射图样的距离均为无限远的情况，即入射光和衍射光都是平行光束，也称平行光束的衍射。

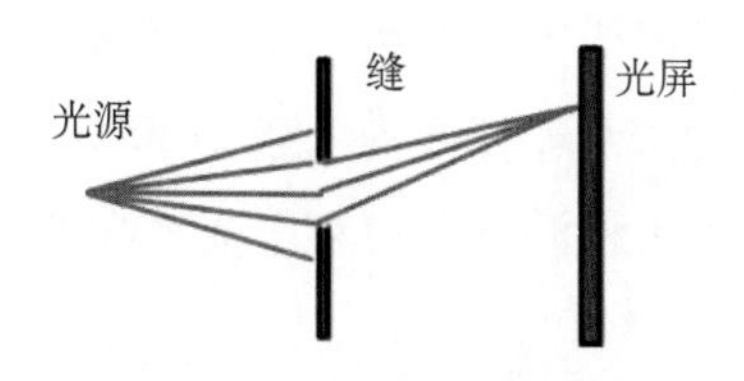

图 3-14　菲涅尔衍射原理图

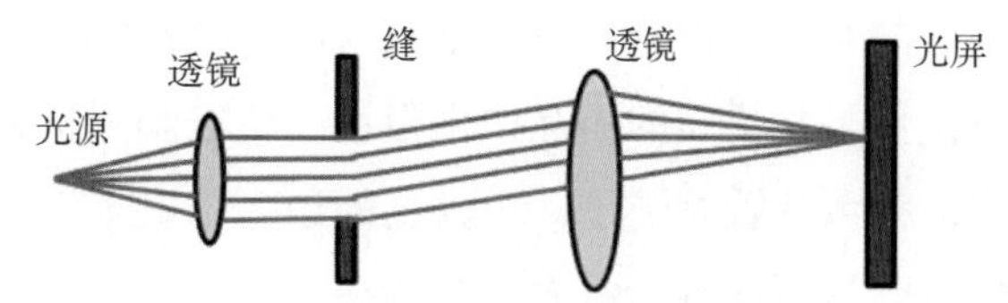

图 3-15　夫琅禾费衍射原理图

光的干涉和衍射现象虽然都能反映光的波动性，且在屏幕上都得到明暗相间的条纹，但条纹亮暗分布不同。在杨氏双缝干涉实验中，双缝后面的光屏上呈现出的干涉图样互相平行且条纹宽度相同，中央和两侧的条纹没有区别，各条纹能量分布较均匀（见图 3-16）。光的单缝衍射中，中央亮条纹又宽又亮，其具有的能量超过总能量的一半，而两边条纹宽度变窄，亮度也明显减弱（见图 3-17）。如果看到条纹，你能分辨出是干涉条纹还是衍射条纹吗？

图 3-16　杨氏双缝干涉条纹

图 3-17　单缝衍射条纹

思维拓展

历史上，与光的干涉有关的诺贝尔奖非常多，如果要了解与光的干涉有关的诺贝尔奖，就一定要提到阿尔伯特·亚伯拉罕·迈克尔逊。1907 年，诺贝尔物理学奖授予迈克尔逊，以表彰他的迈克尔逊干涉仪以及利用迈克尔逊干涉仪进行的光谱学和计量学方面的研究。

迈克尔逊干涉仪具有多种应用，其中之一就是进行迈克尔逊－莫雷实验。当时的物理学家认为，光的传播是需要介质的，这个介质被称作“以太”，并由此假想了一个现象：地球以 30 km/s 的速度绕太阳运动，就必然迎面受到 30 km/s 的“以太风”，从而必然对光的传播产生影响。但迈克尔逊－莫雷实验证明光速在任何情况下都是相同的，由此否认了“以太”的存在。

迈克尔逊干涉仪的另一个著名应用是对引力波的探测，该项目获得了 2017 年的诺贝尔物理学奖。其实早在 20 世纪，爱因斯坦就根据广义相对论预言了引力波的存在，但是一直以来都未能直接观察到，这是因为引力波虽然可以携带能量，但是与物质的相互作用很小，所以难以被普通的探测器探测到。激光干涉引力波探测装置相当于一个大型的迈克尔逊干涉仪，因为检测到两束相干光产生相位差，从而探测到引力波的存在。

科学中国

中国光学研究之长春光机所

长春光机所，即中国科学院长春光学精密机械与物理研究所，始建于1952年，1999年由中科院长春光机所与中科院长春物理所整合而成，是新中国在光学领域建立的第一个研究所，主要从事发光学、应用光学、光学工程、精密机械与仪器的研发生产。长春光机所目前有三个国家重点实验室，两个中科院重点实验室，两个研究中心，这是其在光学研究所中领先的硬实力！

建所70年来，长春光机所在以王大珩院士、徐叙瑢院士等为代表的一批科学家的带领下，研制出中国第一台红宝石激光器、第一台大型电影经纬仪等多种先进仪器设备，创造了十几项“中国第一”。在这里，先后走出27位当选为两院院士的优秀科学家。

长春光机所先进光学与结构材料研究团队取得的最重要成果是成功研制出世界最大口径的碳化硅反射镜坯，该镜坯直径4.03 m，超越欧洲航空局赫歇尔大型红外天文望远镜3.5 m口径的主反射镜。中国科研团队在这一领域取得突破，打破了国外对中国反射镜材料的技术封锁，对中国国防建设和空间探测与开发事业具有划时代的意义。通俗地讲，如果把大型光学望远镜比作人类的“千里眼”，那么主反射镜就是这只“千里眼”的核心部件——“角膜”。以开创了中国自主研发商用卫星应用先河的“吉林一号”卫星为例，它采用的就是长春光机所研制的碳化硅主反射镜，不过口径只有0.624 m，在轨的光学分辨率为0.72 m，虽然该分辨率在商用卫星中已处领先地位，但也仅能分辨出野餐桌布大小的物体。如果换成4 m口径的反射镜，其分辨率将小于0.1 m，野餐桌布上有多少个面包、多少个苹果，在天空的那只“千里眼”都会一览无余。

长春光机所空间光学研究三部是承担航天项目总体工作、工程实施及航天领域相关创新性研究的科研部门，“天问一号”高分辨率相机（以下简称“火星高分相机”）在这里诞生。作为中国第一台火星高分相机，其出色的实力不容小觑。它能在距离目标 265 km 处实现 0.5 m 像元分辨率的光学成像，相当于站在北京天安门的位置可以看清石家庄市中心街头的汽车是轿车还是城市越野车。

当下，长春光机所不断向深空探测迈进，一批批长春光机人加入其中，为世界打开一扇扇能看到星辰大海的“窗”。

U 小试牛刀

准备一支激光笔、一张卡片、一把小刀。在卡片上划开一个细长小孔，用激光笔照射卡片上的细长小孔。在相对较暗的环境下，你能在距离较远的墙上发现什么？尝试用笔将墙上的图案画出来吧！

第 3 节　贪婪的吞光兽——黑体

生活物理

五颜六色的物品点缀着多彩的生活，如白色的云、彩色的气球、绿色的叶子和蓝蓝的天空等，你有没有想过，为什么每个物品都有特定的颜色呢？我们能看到物体是因为它们能反射光，而它们的颜色不同是因为它们只反射特定的光，比如红色的花反射红光，所以我们看到它是红色的。

我们能看到一个物体的前提条件是必须有光。光源向四周释放光子，光子就像皮球，撞到不透明的物体表面时，一部分被弹了出去，被弹出去的光子进入我们的眼睛里，我们就会用眼睛感知到这个物体的存在。如果撞到了透明的物体表面，光子就会穿过，进入我们的眼睛。

物体是由无数个微观的分子或原子组成的，而这些微小的粒子会吸收一段频率中的光子，也就是说，只有部分没有被吸收的光子才会被弹出去。不同的物体吸收和反射的光子频率不一样，因此我们看见的物体的颜色也不一样。

科学实验

日常生活中，黑色的物体会吸收所有的光子，来者不拒，而白色的物体会将所有的光子拒之门外。因此在夏天的酷日下，我们总会认为黑色的椅子比白色的椅子更烫。你认为原因可能是什么？

原来如此

黑色的物体只是代表它可以吸收可见光，并不一定能吸收所有频率的电磁波，所以黑色的物体不一定是黑体的。那么什么是黑体？黑体是理想化的、能把所有照到其上的光（包括可见光和不可见光）都吸收的物体，不会有任何的反射与透射，也就是说，黑体能够让电磁波有来无回，有进无出。如图 3-18 所示，当我们在研究黑体时，会利用这样一个类似黑体的模型：用陶瓷或金属制作一个空腔，在空腔壁凿一个微小孔洞，电磁波就像小球一样从孔洞射入，然后在腔体里不断反射，极难出来，直至最终没有力气再反射，被完全吸收，所以小孔看上去是黑色的，相当于所有的电磁波都被吸收，没有反射与透射出这个空腔。

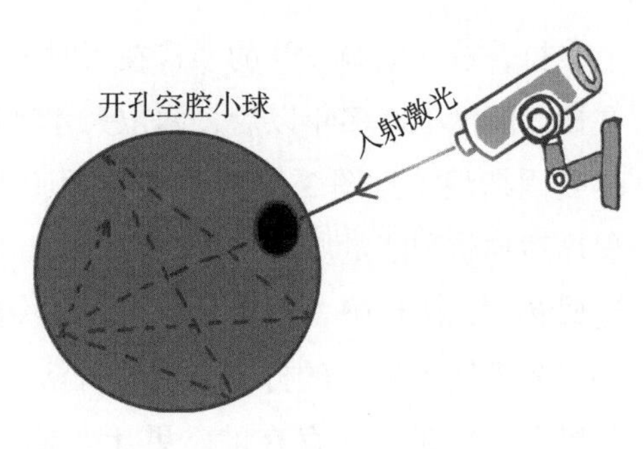

图 3-18　黑体模型实验

与此同时，黑体吸收的能量只转化为内能。当然，黑体不会无限制地接受，通俗地说，黑体的温度不会一直升高，当达到一定限度时，它也会释放能量。黑体吸收能量后，它的原子中的电子将被激发到高能级，但是电子在高能级不稳定，会很快掉落回低能级并释放光子。由于黑体是理想化的产物，理想到在相同的温度下，无论材料、形状、大小如何，被加热的物体都会发出同样颜色的光，因此，黑体不一定永远是黑色的。目前，我们已经制造出对光的吸收达到 99.9% 的材料。

与黑体相对的为白体。白体是能将任何频率的入射光完全、均匀地反射到所有方向上的物体。如果用白体物质做空腔体的内壁，经过足够多次的反射，发光体向各个方向发出的光最终都会落入探测器中，可以用于测量光源的发光强度。

思维拓展

黑体是人类建立的模型，在宇宙中有一类天体与之类似，不允许任何一束光逃脱。1796 年，法国数学家和天文学家拉普拉斯预言：如果一个密度和地球相似的天体，其直径为太阳的 250 倍，即使它是天空中最亮的那颗星，它也不会允许任何一束光到达这个天体的表面。这类天体被称为黑洞。你是否在科幻电影或者科幻小说中听说过“黑洞”这个神奇的名字呢？

拉普拉斯脑洞大开的预言在当时无法用理论证实，被认为是天方夜谭。然而在预言问世 100 多年以后，两位天才物理学家给这个预言一个理论解释，他们就是爱因斯坦（见图 3-19）和史瓦西（见图 3-20）。1915 年，爱因斯坦用质能方程描述物质和能量所导致的时空弯曲。但可惜的是，爱因斯坦认为方程只能求得近似解，无法精确。一个月后，在寒冷的俄罗斯，被授予炮兵中尉军衔的史瓦西得出爱因斯坦发表的方程式的精确解。可惜的是，他信奉“眼见为实”，竟然认为黑洞并不是真实存在的。更让人难过的是，1916 年 5 月，史瓦西因为免疫系统疾病去世了。

图 3-19　爱因斯坦

图 3-20　史瓦西

宇宙中有数以万亿计的恒星，然而这些恒星并不是“长生不老”的，也有自己的寿命，就拿太阳来说，它的寿命是 100 多亿年，而目前是 50 亿年左右，可以说正处在壮年。如果一颗恒星的核心质量大于等于 3.2 倍太阳质量，在没有什么可以抵抗自身的重力时，便开始向中心无限坍缩，就像把珠穆朗玛峰挤压成只有一个沙砾那么大。

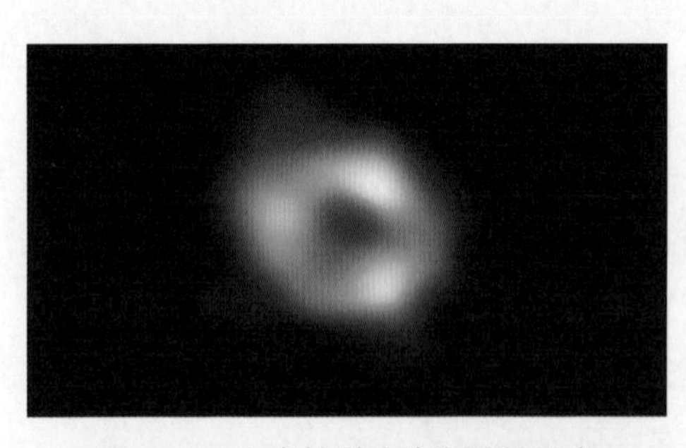

图 3-21　人类拍到的首张黑洞照片

北京时间 2019 年 4 月 10 日晚 9 点 7 分，事件视界望远镜（EHT）合作组织在全球六地通过协调召开全球新闻发布会，在全球六地同步发布人类首张黑洞照片（见图 3-21）。据介绍，该黑洞位于室女座一个巨椭圆星系 M87

的中心，距离地球5500万光年，质量约为太阳的65亿倍。它的核心区域存在一个阴影，周围环绕一个新月状光环。据悉，事件视界望远镜项目合作由13个合作机构组成，中国科学院天文大科学研究中心（CAMS）是其中之一。CAMS由中国科学院国家天文台、紫金山天文台和上海天文台共同建立，其中上海天文台牵头组织协调国内学者参与了此次合作。

中国天眼

“中国天眼”FAST（five-hundred-meter aperture spherical radio telescope，500 m口径球面射电望远镜）于2016年9月25日落成启动（见图3-22），是目前全球最大且最灵敏的射电望远镜，极大拓展了人类观察宇宙视野的极限。

2018年4月28日，FAST首次发现毫秒脉冲星并得到国际认证，这是FAST继发现脉冲星（见图3-23）之后的另一重要成果。

图3-22 “中国天眼”FAST

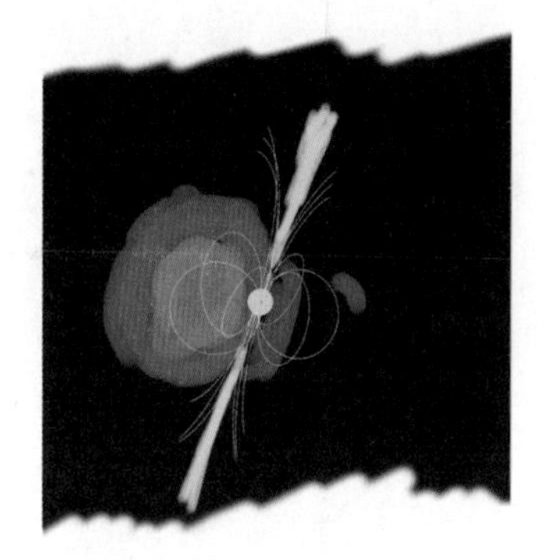

图3-23 脉冲星

脉冲星和黑洞是大恒星的两个发展结果。脉冲星是大质量恒星死亡后的残骸，是宇宙中密度最高、磁场最强、自转最快、相对论效应显著的一类迷人而又奇异的天体。毫秒脉冲星与正常脉冲星的形成历史不一样，正常脉冲星通常相对年轻，年龄不到几百万年；毫秒脉冲星是一种非常古老，甚至可能是已经死亡的脉冲星，它在密近双星系统中通过吸积质量获得角动量，使自转周期达到毫秒量级，从而获得第二次生命，或可称其为再生脉冲星。北京大学科维理天文与天体物理研究所李柯伽研究员表示，此次发现展示了FAST在脉冲星搜寻方面的重大潜力，凸显了大口径射电望远镜在新时代的生命力。截至2023年2月，“中国天眼”FAST已发现740余颗新脉冲星。

小试牛刀

探究课题：物体的吸热能力与物体表面颜色有关系吗?

准备三个相同的玻璃瓶、一些水、三支温度计。将三个玻璃瓶分别涂上黑色、灰色、白色，里面装入相同的水，在每个瓶盖上打一个小孔并分别插入一支温度计。将三个玻璃瓶同时放在太阳底下，过一段时间，记录各自的温度t_1、t_2、t_3。

三个温度之间有什么关系？通过实验现象，你能得出什么结论？

第 4 节　激光武器谁最强？

生活物理

你眼中的激光是什么样子的？是打小怪兽的“奥特激光”，还是五彩斑斓、绚丽夺目的舞台灯光？在当代科幻类影视剧里，我们会看到很多类似的场景：外来入侵者利用高能激光束，轻而易举地切割开厚厚的金属墙。在现实的工业社会，面对厚厚的金属墙也“毫不客气”的工具并不是常见的“刀枪剑戟斧钺钩叉”，而是一束激光，这束光作用于金属之后，能迅速、准确地切开它们，这就是所谓的“激光切割”技术。

我们日常使用的激光打印机和商场的条码扫描器都利用了激光；人们用激光治疗近视视力，通过光纤网络发送邮件、浏览视频……无论我们是否意识到，我们每个人每天都使用激光。你了解激光是什么吗？

激光（见图 3-24）之所以被誉为“神奇的光”，是因为它有普通光完全不具备的四大特性：

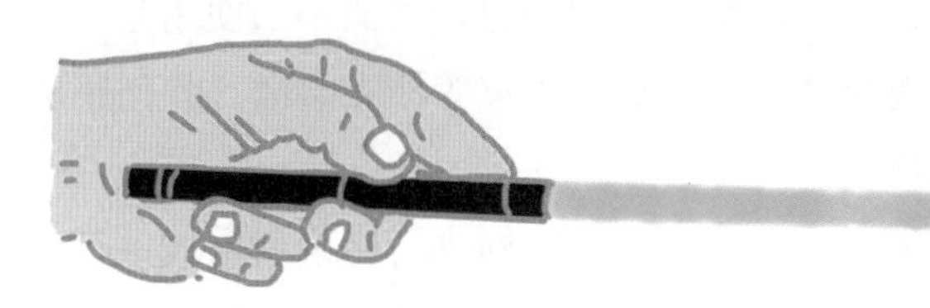

图 3-24　激光

（1）方向性好：如果用激光照射 200 m，我们能够找到直径 1 m 左右的光斑，而普通探照灯几米远处的光斑就比 1 m 大得多。

（2）亮度高：激光是当代最亮的光源，其亮度与氢弹爆炸瞬间产生的光差不多，所以激光直射对眼睛的伤害非常大。

（3）单色性好：常见的激光有红色、蓝色和绿色，而且每束激光都是单一颜色。而太阳光包含红、橙、黄、绿、蓝、靛、紫七种颜色的可见光，还有红外光、紫外光等不可见光。

（4）相干性好：激光的空间相干性和方向性是紧密关联的。当光束发散角小于一定值时，光束才会具有一定的空间相干性。时间相干性与光源的单色性直接相关。因此，相干性好，其实也可以表征为其方向性好、单色性好。

普通激光笔的光功率仅仅为1～5 mW，要知道家里台灯的功率可能是它的几千上万倍。但是这样的激光笔照射人体，尤其是眼睛时，有很大的伤害，所以一定不要随意拿来玩耍。

科学实验

请准备一支玩具激光笔和其他物品，除了在第3章第1节“科学实验”中利用面粉与水混合后的溶液显示激光传播路径的做法，还有哪些显示激光传播路径的方法？

原来如此

激光在我们的生活中扮演着重要的角色，然而不当使用会对人体的眼睛和皮肤造成严重损害，还有可能引发爆炸、火灾等严重事故。如何正确使用激光，是关系人身安全的重大事情。

激光武器是用高能激光对远距离的目标进行精确射击或进行防御的武器，分为战术激光武器与战略激光武器，具有快速、灵活、精确和抗电磁干扰等优异性能，在光电对抗、防空和战略防御中可发挥独特作用。因为激光武器的发射装置是精密的光学仪器，所以激光武器有其显著的缺点，那就是不能全天候作战，大雾、大雪、大雨等恶劣天气对其影响极大。

激光武器的破坏机理如下。（1）热破坏：当目标受到强激光照射后，表面材料吸收热量而被加热，产生软化、熔化、汽化，当目标材料深层温度高于表面温度使汽化加快时，内部压力增高产生爆炸，这与我们燃放烟花爆竹的原理类似，同时也能解释为什么不能用微波炉加热鸡蛋。（2）力学破坏：当被激光照射的物体产生的等离子体高速向外喷射时，形成的反冲力会使物体变形断裂。这里说的反冲力，有点像充满气体的气球松开口子后被放出来的气体推着向前走。（3）辐射破坏：等离子体能够辐射射线，从而破坏被打击目标内部的电子元器件，使其丧失工作能力，以致瘫痪。

2015 年，解放军出版社出版了一本名为《光战争》的书，谈到了激光武器在未来战争中发挥的核心作用。中国在激光器的研究上陆续进行了 CO_2 激光（电激励、气动激励）、化学激光、自由电子激光和 X 射线激光等探索，其中 CO_2 激光器和化学激光器的输出功率达万瓦级以上，有广阔的开发前景。而在强光激光破坏研究方面，中国对激光的热学和力学效应进行了广泛的实验研究和理论分析，取得了令人满意的成果。

1996 年，中国新一代飞秒超强激光装置在中国工程物理研究院研制成功。这标志着中国的强激光技术又踏上一个新台阶。这台设备是中国第一台用于超短超强激光研究的精密装置，专家认为它的研制成功为中国强场中的物质及行为研究开拓了道路。以强场激光与物质的相互作用及其相关的应用基础研究为对象的强场激光物理，是当前国际上现代光学乃至现代物理学研究中一个非常重要的前沿领域。

激光一般是沿直线发射的定向光束，我国的科研工作者却让激光“听话地拐弯走”。我国早在 20 年前就已开始了此领域的预研工作，并用其研究成果成功制造出世界上唯一的激光卫星接力站和卫星反射站。卫星接力站采用光线反射原理，将地面传来的高能量强激光接收并瞬间射向已锁定的敌方目标，瞬间即可将其击穿。在研制过程中，我国科研工作者还攻克了卫星接力及天气因素造成能量损失的难关，成功地将其能量衰减控制在千分之一以下。

思维拓展

1961 年，美国密歇根大学的弗兰肯等人发现红宝石激光（694.3 nm）通过石英晶体后产生了一条波长为 347.15 nm 的新谱线，新产生的光的频率正好是入射光频率的两倍，也就是光倍频现象。在实验研究过程中，红色激光可以通过自倍频晶体变成绿色激光。激光倍频在激光技术中被广泛采用，为得到波长更短的激光可多级倍频，目前已达到实用化的程度，并且有商品化的器件和装置，具有非常广泛的应用。

2020年11月，中国科学院上海光学精密机械研究所高功率光纤激光技术实验室在高功率光纤激光倍频领域取得新进展，提出少频激光谐振倍频的技术，实现了高功率、高效率的连续波倍频激光输出，该技术提供了一种获得高功率可见光光纤激光的新思路。

科学中国

图3-25　陈创天

KBBF——独一无二的“中国晶体”

在光学领域里，有一种材料叫作“KBBF晶体”，全称为氟代硼铍酸钾晶体（$KBe_2BO_3F_2$晶体），是已知唯一一种可以直接倍频产生深紫外激光的非线性光学晶体。中国靠一块只有硬币大小的“石头”领跑世界，走上深紫外固体激光领域的“神坛”，创造这一奇迹的就是“中国牌晶体”的发现者——陈创天（见图3-25）和他的团队。

1968年，陈创天首次提出阴离子基团理论。在接下来的10年，他以阴离子基团理论为模型，验证了自己的一个大胆猜想：在硼酸盐化合物体系中，很可能存在新一代非线性光学晶体。随后，陈创天带领团队，从理论计算、结构选型到建立实验，用了两年的时间，首次发现并合成了具有很强非线性光学效应的BBO晶体，这比当时国外的ADP晶体效果好4～5倍！

1983年，陈创天向国外同行报告了这一发现，整个激光界都为之震惊。他们难以相信，中国竟还有这么先进的材料技术！当时，BBO成了热销爆品，世界上80%的BBO都是“Made in China”（中国制造），中国在曾经落后的路上往前跨越了一大步。两年后，陈创天所带领的团队又发现了第二块非线性光学晶体——LBO晶体，该晶体最大的优点是化学性能稳定，不潮解，机械硬度高，对于一些非线性光学加工极具吸引力。由于BBO、LBO晶体是被中国科学家发现的，而且性能优异，具有很好的应用前景，因此在国际上被誉为“中国牌晶体”。

1991年，陈创天带领团队再一次获得重大突破，运用分子设计工程学方法发现并合成KBBF晶体，又历经5年，他证明了KBBF晶体可实现深紫外相干光输出，最短波长达到184.7 nm，打破了国际激光界的200 nm纪录。深紫外时代自此开启，KBBF晶体一面市就在国际上引起震动。

深紫外非线性光学晶体KBBF的研究历经30余年，倾注了中国数代科技工作者的心血，是中国科技界引以为豪的杰出成就，也是中国晶体科学家为世界科技发展做出的又一杰出贡献。KBBF晶体除了可以制造激光武器，还可以测量固体电子能级，分辨率达到360 μeV，同时，还可用于建造电子能谱仪、光刻技术等，在未来的激光武器、激光电视等领域都会得到广泛的应用。2015年，我国科技工作者再一次取得了突破，发现了比KBBF晶体更好的材料——LSBO晶体。这一晶体有望成为下一代激光材料。这项科研成果遥遥领先于世界各国。

小试牛刀

查阅激光的相关知识，你还能找到激光的哪些实际应用？

第 4 章
成像全家福

第 1 节　3D 电影与全息影像

生活物理

国产 3D 科幻巨制影片的 3D 效果非常真实和令人震撼，让人有身临其境的感觉。随着科技的发展，3D 电影资源越来越多，我们对 3D 电影也越来越熟悉。但是有一些人看完 3D 电影之后会觉得眼睛酸胀、头疼、恶心，这是为什么呢?

首先，我们要知道立体感是怎么产生的。人的两只眼睛之间有一定距离，看东西的角度不一样，看到的图像就不同，因此能产生立体感。拍摄 3D 电影时，模仿人的眼睛架设两台摄像机，分别从两个不同方向同时拍摄景物。根据拍摄距离的远近，利用一个公式算出两台摄像机之间的适宜距离。一般情况下两台摄像机之间的距离跟人两眼之间的距离差不多。在放映时，普通的电影只用一台放映机，把画面打在大屏幕上，光在屏幕上经过反射进入观众的眼睛，观众用裸眼可以直接观看。但 3D 电影是用两台放映机和两块偏振片来完成放映的。这时，观众在大屏幕上看到的电影画面其实是两幅画面叠加而成的，这就是不戴 3D 眼镜看屏幕会有重影的原因。

但是，在屏幕上看到的立体图像与平时所看的立体图像不一样。拍摄 3D 电影的两台摄像机之间的距离相当于观影者两眼之间的距离，通常这个距离会取大多数人的一个平均值，但并不是所有人都适用于这个平均值，而成人用的 3D 眼镜的规格是一样的，眼镜不合适就成了观影时眼睛不舒服的原因之一。

值得注意的是，有实验证明，3D 画面造成的视疲劳为普通画面的 3 倍，尤其是对于未成年人来说，如果佩戴和成年人规格相同的 3D 眼镜，则视疲劳会更加严重。因此，8 岁以下的小朋友要谨慎选择。

科学实验

如图 4-1 所示，请准备四片完全相同的透明等腰梯形塑料片和一个全息投影片源。将四片塑料片扣在一起，形成一个立体的四面棱台。然后将做好的棱台倒放在手机屏幕上，用手机播放全息投影片源，关上灯就能看到全息投影了。你知道这是为什么吗？

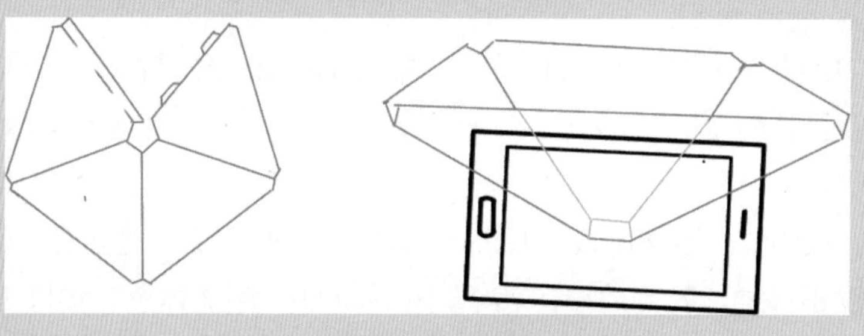

图 4-1　塑料片组成四面棱台形状

原来如此

我们通过四面棱台可以裸眼看到立体效果，是因为手机影像的光照射到塑料片上，产生光的反射，四片塑料片会同时反射手机上的四个画面，把手机中的影像变成虚拟立体效果。

但是，我们在电影院观看 3D 电影的原理并非如此。为了使我们所看到的构成立体画幅对的左、右两画幅互不串扰，需要在观看 3D 电影时佩戴 3D 眼镜。3D 眼镜和近视眼镜及太阳镜有什么本质的不同呢？

如图 4-2 所示，实际上，当用线偏振光进行 3D 立体显示时，我们佩戴的眼镜相当于两块线偏振片，其偏振方向应互相垂直且与投影仪镜头前所加偏振片的偏振方向一致。放映的影片所发出的光线经过第一个偏振片，只有与偏振片的偏振方向一致的光能顺利通过。被筛选的光经过 1/4 波片后重新被打散，就像将细线绕成罗圈甩动一样。再经过另一块 1/4 波片，被重新选择。最后经过层层筛选，与眼前的线偏振片偏振方向一致的光顺利通过，进入我们的眼睛，而没有通过最后的线偏振片的光，我们便不可能看到了。

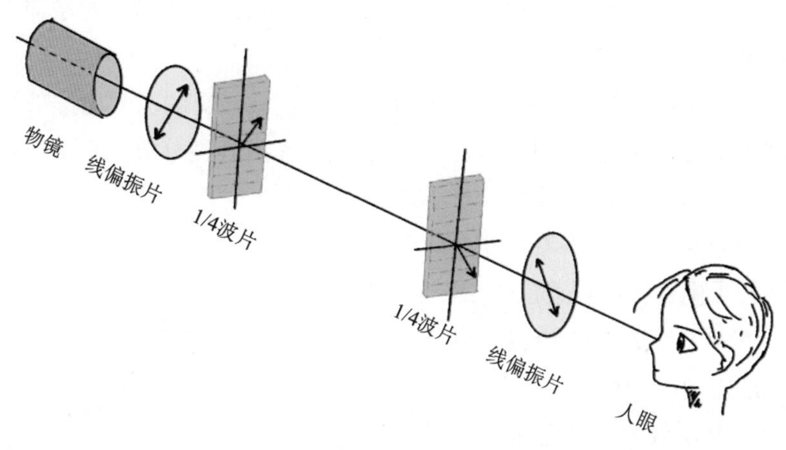

图 4-2 3D 立体显示

随着科技的进步，越来越多的电子产品打着“裸眼 3D”的旗号横空出世，让我们扔掉 3D 眼镜，直接观看 3D 画面，体验 3D 技术带给我们的直观震撼。那么，“裸眼 3D 技术”又是什么呢？

当前“裸眼 3D 技术”主要以光屏障式和柱状透镜式为主，其成像原理不同，凸显了两种技术的优劣。

如图 4-3 所示，光屏障式 3D 技术主要通过开关液晶屏、偏振膜和高分子液晶层等硬件，利用液晶层和偏振膜制造出一系列垂直型条纹。当光线通过这些宽几十微米的条纹时，就会形成细条的垂直栅模式，我们称之为“视差屏障”。在立体的显示模式下，光屏障式技术利用了安置在背光模块以及 LCD 面板间的视差屏障，当应该由左眼看到的图像显示在液晶屏幕上时，不透明的条纹会遮挡右眼；同时当应该由右眼看到的图像显示在液晶屏幕上时，不透明的条纹会遮挡左眼。这样将左眼和右眼的可视画面分开，就能使观看者看到 3D 影像。这种技术的优点在于它在成本

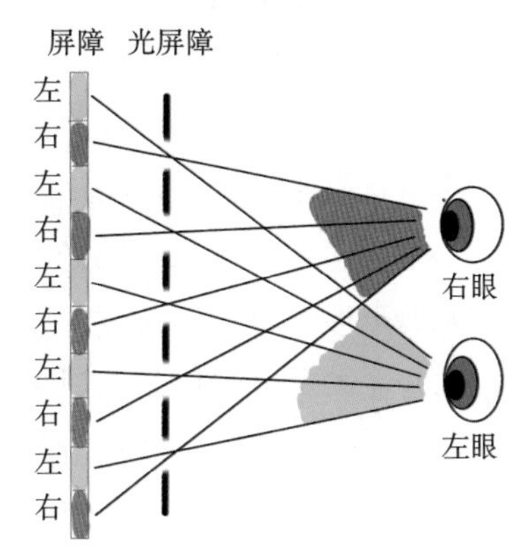

图 4-3 光屏障式 3D 技术

和量产普及上有着巨大的优势。但由于该技术的特点，采用光屏障技术的产品画面的亮度较低，画面的分辨率也会随着显示器中同时间播出影像的增加而呈现反比例的降低。

如图 4-4 所示，柱状透镜式 3D 技术主要是使液晶屏的像平面位于柱状透镜的焦平面上，这样在每个柱状透镜下面图像的像素就会被分成几个子像素，然后透镜向每个不同的方向投影每个子像素。于是双眼通过不同的角度去看显示屏，就能够看到不同的子像素。柱状透镜式 3D 技术的特点与光屏障式 3D 技术的特点恰好相反。由于没有条纹障碍，画面的亮度不会受到影响，因此画面的显示效果会更加逼真。但柱状透镜式技术的实现成本较高，消费者在追求画面质量的时候才会选择应用此技术的产品。

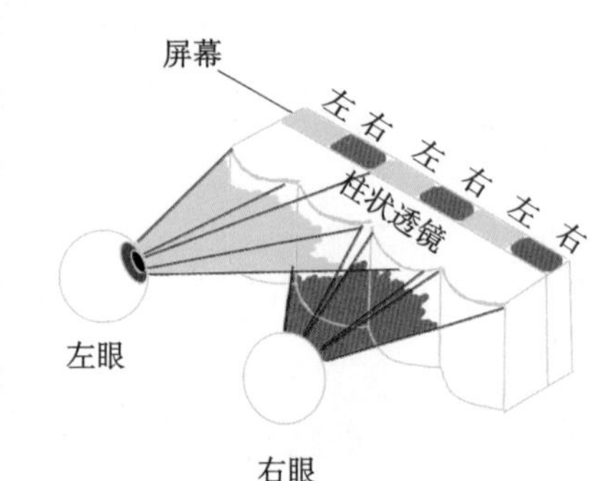

图 4-4　柱状透镜式 3D 技术

2021 年 5 月上旬，科技部发布指南，将裸眼 3D 显示核心光学器件和共性技术与架构的关键技术研发列为核心技术突破的重要领域。在政策的支持下，裸眼 3D 技术将进一步发展。

思维拓展

1947 年，匈牙利人丹尼斯 · 盖博（见图 4-5）在研究电子显微镜的过程中，提出了全息摄影术（又称全息术）这样一种全新的成像概念。1971 年，由于发明全息摄影术，丹尼斯 · 盖博获得了诺贝尔物理学奖。全息术的成像利用了光的干涉原理，物光波与参考光波干涉产生干涉条纹，将条纹用物质媒介记录下来，并在参考光波重新照射条件下使物像重现，形成逼真的三维图像。由此形成的三维图像记录了物体的振幅及其相位信息。之所以称之为全息术，是因为其包含了全部信息，以区别于普通的二维成像。

图 4-5　丹尼斯 · 盖博

日常生活中常见的照片属于二维成像，实际上是立体物像在底片上的投影，无论从哪个角度进行观察，似乎都是一样的，也就失去了现实生活的 3D 感觉。但全息底片却不是这样的。物体发出的光线或反射的光线在全息底片上某点相叠加，发生干涉现象，底片上每个点都能反映物体的全貌，可以简单地把全息底片看作把其缩小后相互排列在一起的结果。即使全息底片破损，依然可以利用残存的部分还原原貌，这是传统照片底片做不到的。

根据记录光路的不同，全息照相分为反射式全息照相和透射式全息照相，其光路图分别如图 4-6 和图 4-7 所示。顾名思义，反射式全息照相就是激光细光束经扩束镜 L 扩束后照射在全息干板 H 上作为参考光，透过干板的光照明物体，经物体漫反射的光成为物光，物光与参考光在全息干板 H 上叠加。而透射式全息照相则需要有分束器，用分束器将激光变成两部分，一部分照射物体，一部分则不照射物体，这是它们的本质区别。

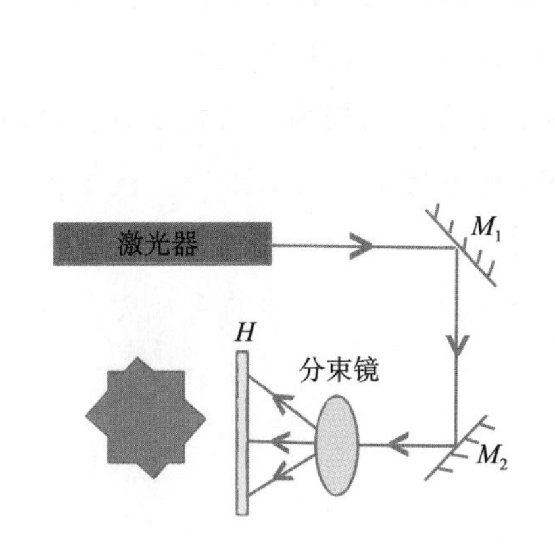

图 4-6　反射式全息照相光路图

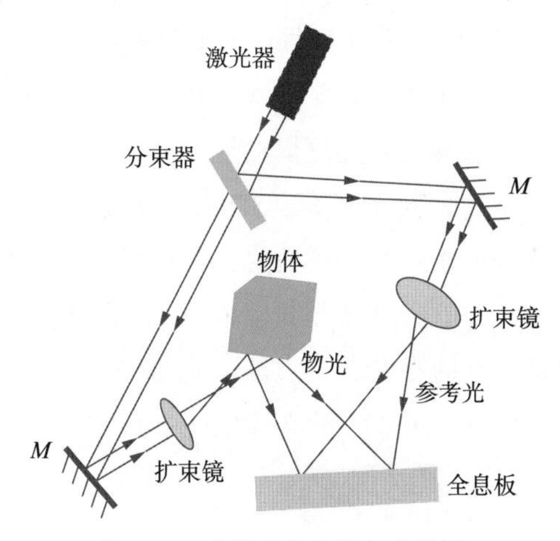

图 4-7　透射式全息照相光路图

3D 激光成形技术

国产中程窄体干线客机 C919 利用了一项让其他国家都羡慕不已的技术——3D 激光成形技术，用该技术打造的战斗机零部件，重量可以减少 40%，性能还能提升非常多，该技术也被称为人类第四次工业革命的关键技术。在这项技术上，中国领先于世界各国。

3D 激光成形技术是 3D 打印技术中的一种，它的原型在 1892 年就诞生了，但是真正发扬光大是在 1986 年。2002 年，美国在战机上装载了激光成形的小型钛合金零部件，打造出性能优异的战斗机。后来，美国国家实验室和很多企业都对 3D 激光大型钛合金技术进行攻关，结果都失败了。我国在 2009 年利用激光粉末成形技术打印出 C919 主挡风整体窗框，这项技术获得了 2013 年国家技术发明一等奖。外媒曾用“万里长城的新砖瓦”来形容我国的这项技术。时至今日，我们已经将这项技术应用在 C919 的多个部位，以及其他航天应用上，甚至在歼 20 战斗机上都有应用。

那么问题来了，中国 3D 激光打印发展晚，它是怎么实现反超的呢？这里就不得不说以王华明和黄卫东两位科学家为代表的科研团队了。2009 年，王华明率先用 3D 激光成型打印出 C919 主挡风整体窗框，因此获得国家技术发明一等奖。这也是美国未能完成的成就。黄卫东在此之后攻克了 3D 激光成型技术，如果未来能够实现大规模应用，那么在制造汽车、船舶、飞机等重大设备方面将迎来一次新的技术革命。3D 激光成形技术是 3D 打印技术的最高形态，被誉为工业革命的旗帜是有道理的，而像王华明和黄卫东这样的中国科学家们，则带领着我们整个行业快速前进。在可以预见的未来，3D 激光成形技术将会成为各行各业革命性的存在。

小试牛刀

上网查资料，了解中国电影摄影技术的发展。

第 2 节　生活小帮手——红外线

生活物理

日常生活中，我们会用遥控器（见图 4-8）控制电视、空调等家用电器，可以做到“隔空控制”，十分方便。那么，这些遥控器是靠什么实施控制的呢？实际上是红外线。

图 4-8　红外遥控器

你知道吗，其实我们用肉眼无法直接观察红外线。像电视遥控器这样的红外遥控器上有一个红外线发射二极管，像极了我们平时能够看到的发光二极管。红外线发射二极管将我们的指令转化为红外线，传递给家用电器的红外接收端，从而实现对它们的控制。

科学实验

正常情况下我们是无法看到遥控器上的二极管发光的，但是我们可以借助手机，让红外线“现出原形”。打开手机的照相功能，在相对较暗的环境下按动遥控器上的按钮，这时会从手机屏幕上看到一个小红点，是不是很神奇？

原来如此

电烤箱加热时，随着加热棒温度越来越高，我们能够直观地看到加热棒颜色逐渐变红。除此之外，打开电烤箱，会有一股热气扑面而来。这种看不到的能量

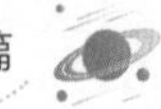

图 4-9　赫歇耳

就是红外辐射或红外线产生的。红外线是波长比无线电波的波长更短的电磁波。1800 年，英国天文学家赫歇耳（见图 4-9）在实验中偶尔发现一个奇怪的现象：放在光带红光外的温度计比室内其他温度计的指示值都要高。经过多次反复实验，他发现这个含热量最多的高温区总是位于光带最边缘处红光的外面。于是赫歇耳宣布，太阳发出的光线中除可见光外，还有一种人眼看不见的“热线”，这种看不见的“热线”位于红色光外测，因而将其叫作红外线。

当然，我们能够发现家里不同的灯让我们感受到的能量是不同的。当同时打开浴霸（见图 4-10）和家里的照明灯时，我们能直观地感受到浴霸传递给我们的热量更多。这主要是因为浴霸上的取暖灯泡发出的红外线比普通照明灯泡更多，所以我们感觉更热。千万要记住，不要用眼睛直接观察浴霸的加热灯泡，因为那很危险。如果你的家里没有浴霸，可以看看街边的烤肠机，里面也有类似加热灯泡的灯，它们可不单单是为了照明的。

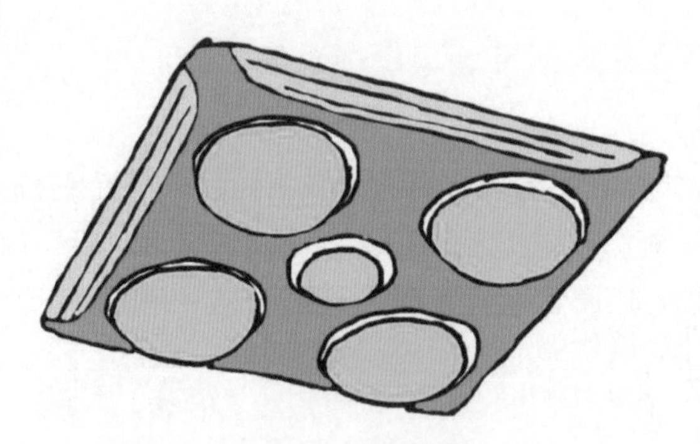

图 4-10　家用浴霸

关于远红外线，很多人并不是很了解，但实际上，它早已被广泛地应用在生活中。波长为 4～16 μm 的远红外线与人体放射的电磁波最接近，所以被誉为“生命之光”。研究和实践表明，远红外线有渗透能力，可以直接渗入皮下组织达 3～5 mm，让能量被皮肤吸收。另外，远红外线的波长和构成人体细胞最小单位的原子所产生的电磁波相近，当远红外线照射人体时，就会与人体细胞产生共振效应，使得细胞内的原子能量开始活化。在远红外线照射下，人体组织温度逐渐升高，毛细血管扩张，血流加快，物质代谢增强。因此，远红外线具有改善血液循环、提高人体免疫功能、缓解关节疼痛、促进新陈代谢等好处。

思维拓展

在我们的日常生活中，红外摄像机随处可见，并且我们的日常生活离不开红外摄像机。你了解红外摄像机的原理吗？

如图 4-11 所示，红外摄像机主要用于在无可见光或者有微光的黑暗环境下，采用红外发射装置主动将红外光投射到物体上，红外光经物体反射后进入摄像头进行成像。这时画面是由红外光反射所成的，而不是由可见光反射所成的，从而拍摄到黑暗环境下肉眼看不到的画面。

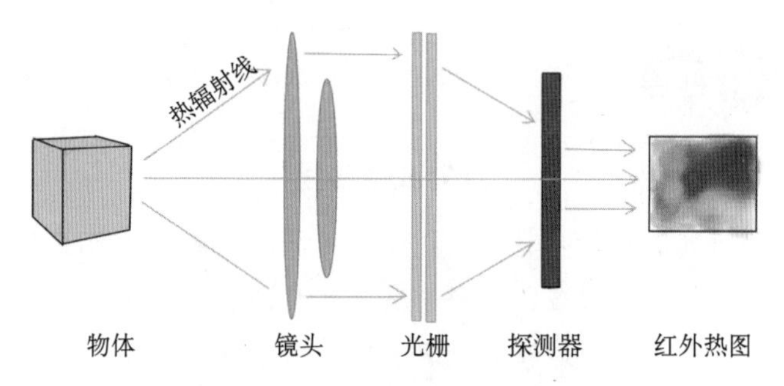

图 4-11 红外摄像机成像原理

红外成像技术出现于 20 世纪 30 年代。人们利用处于高真空的碱金属或半导体阴极将红外辐射转换为电子辐射，再通过荧光屏使电子图像转换为人眼能看到的光学图像。这种技术早期主要用于装备军队，二战末期德国和美国的部队就装备了红外线夜视仪。

热成像仪在医学上的应用可以追溯到 1956 年，英国医生劳森通过热成像仪发现肿瘤血管的温度高于正常血管的温度。20 世纪 70 年代以来，热成像技术成为常规的诊断技术，是肿瘤、急慢性炎症、肢体供血情况的重要检查手段。

在预防领域，热成像仪可以用于大范围人群的快速体温筛查（见图 4-12）。

在公共场所配备的热成像仪可以帮助筛选非正常体温人群，大大提高了防控工作的效率。

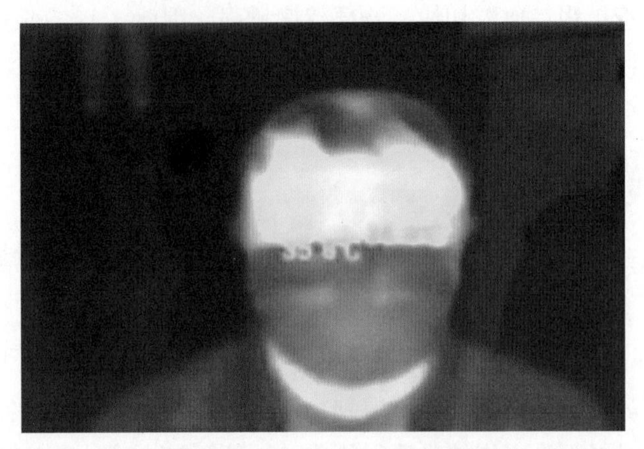

图 4-12　热成像快速体温筛查

红外成像应用

我国上海某研究所科研人员围绕红外信息获取领域的时效性与灵敏度问题成功攻克世界顶级的红外硬科技，其科研成果在我国有世界先进水平的某卫星上得到成功应用，为我国在该领域跻身世界前列做出了重要贡献。

红外热成像探测仪是一种基于被动光电探测原理的搜索预警系统，具有可隐蔽被动工作、24 小时昼夜成像、探测灵敏度高等特点，在远距夜视成像、现代防空预警等光电系统中得到了广泛应用。

在红外成像设备中，非制冷、可在常温下运行的氧化钒红外凝视热成像仪在单兵武器装备、车载夜视仪、低档机载、弹载光电设备上得到普遍应用，而性能最好、发现距离最远的是采用极低温氦气冷却的碲镉汞型红外探测器。后者广泛应用于航空航天等高端红外搜索成像领域，因此这类高性能红外探测系统的研制对加强国防建设具有极其重要的意义。

据公开资料披露：我国研制的推扫型超长线列焦平面探测器通过采用红外光

纤传像和相应图像处理技术，将大型红外光电成像系统对超长线列探测器及其相关制冷技术研制开发要求转换为应用，目前成熟的红外焦平面阵列技术和计算机图像处理技术不仅获得更高的分辨率和优良的性能，还大幅降低了系统的复杂性，减小了光电成像系统的体积和重量，极其适合各种平台上的大型监测、对空监视和对地遥感光电成像系统的应用。

我国的碲镉汞红外探测器水平和美国还存在一定差距，但推扫型超长线列焦平面探测器的技术突破大幅缩小了我国与美国等航天大国之间天基预警系统的差距。相信在不久的将来，随着超长线列技术的更进一步突破，国产天基红外预警卫星系统的性能必将大幅提高，中国的弹道导弹防御系统将拥有一双时刻警戒的“天眼”。

小试牛刀

请准备三支温度计和一个三棱镜。在太阳光下放置三棱镜，在三棱镜后面找到色散后的“彩虹条纹”（见图 4-13）。在条纹 A、B、C 处各放置一支温度计，2 min 之后观察温度计示数，你发现了什么？

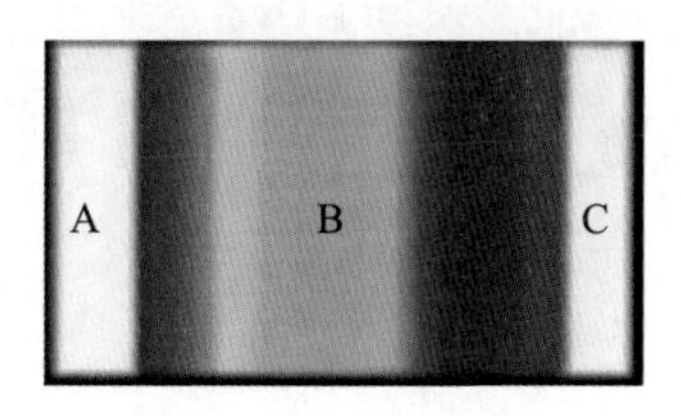

图 4-13　彩虹条纹

第3节　不能过分亲近的“你”——紫外线

生活物理

很多人都有晒被子的习惯，晒被子可以去螨虫、杀菌去霉，还能增强被子的保暖效果。晒后的被子还带有“太阳味”，这种令人愉悦的“太阳味”到底是哪里来的？通过检测在室外晒干的棉毛巾表面散发出的气体组分，发现其中存在一种有机化合物。这些有机化合物在低浓度下气味宜人，与“太阳味”十分类似，它们便是产生“太阳味”的根源。

科学家们猜想，这些化合物的产生历经了两个主要步骤：（1）阳光中的紫外线激发高活性物质，使它们变得活泼。（2）这些被激发的高活性物质与来自空气并吸附在织物表面的挥发性有机化合物发生化学反应。

注意，晒被子最好选在上午11点到下午2点日光比较充足的时间。清晨和黄昏入夜时，空气中的湿气增加，不仅无法有效杀死尘螨、去除霉菌，还容易让被子沾上湿气。另外，晒完被子不能立即叠起来，温暖容易让尘螨繁殖，应等被子凉透再收起来。

科学实验

紫外线可以帮助我们除螨，但也会对我们的皮肤和眼睛造成损害，所以有些人出门会打遮阳伞、涂抹防晒霜或戴太阳镜。那么如何判断太阳镜是否防紫外线呢？我们可以利用纸币和验钞笔（或验钞机）来验证。拿一张纸币，将太阳镜镜片放在防伪水印上，用验钞笔（或验钞机）在镜片上照一下，如果还可以看见水印，说明这副太阳镜是不防紫外线的；如果看不见水印，说明这副太阳镜是防紫外线的。你的太阳镜可以防紫外线吗？

原来如此

紫外线是由原子的外层电子受到激发后产生的。紫外线对于人类来说是一把双刃剑。它可以杀菌、保健。紫外线照射人体后可以使皮肤上产生很多活性物质，达到保健的作用，还可以改善睡眠、降低血压、加强白细胞的吞噬能力，从而增强人体的免疫功能。除了杀菌和保健作用，紫外线还可以促进人体中维生素 D 的形成，促进钙的吸收。但是我们为什么还要防紫外线？因为紫外线还有它的另一面。

紫外线根据波长可分为近紫外线（UVA）、远紫外线（UVB）和超短紫外线（UVC）。如图 4-14 所示，UVA 的波长（320～400 nm）最长，可穿透臭氧层，直达皮肤深处真皮层，使皮肤晒黑、晒老。UVB 的波长（290～320 nm）比 UVA 的波长短一些，可穿透臭氧层到达地面，作用在皮肤表皮层，会导致皮肤晒红、晒伤。UVC 的波长（100～290 nm）最短，穿透力比较弱，一般直接被地球臭氧层阻挡在外，对皮肤没有什么影响。

图 4-14　部分紫外线的穿透情况

皮肤是人体与外界接触的第一道屏障，也是人体最大的器官，是人体最先衰老的部位之一。皮肤的衰老主要分自然老化和光老化两种形式。在导致皮肤老化的所有外部因素中，紫外线的伤害是最大的。那么，紫外线对皮肤有哪些伤害呢？

如果不采取任何防晒措施，一般黄种人在强烈阳光下暴露 15 min 左右皮肤就会被晒红，再继续晒，皮肤会灼痛，甚至脱皮。除此之外，黑色素细胞在受到紫外线照射后会加速分泌黑色素，黑色素细胞的体积也会增大，最终导致皮肤变黑。部分人对紫外线敏感度较高，被紫外线照射后可能会发生急性反应。

医学上将紫外线导致皮肤老化的现象称为光老化。和自然老化相比，光老化更容易导致癌前病变、皮革样外观和弹性组织变性等问题。光老化在外观上表现为皮肤松弛、肥厚，有深而粗的皱纹。长期进行户外活动的人，其颈项部可见到菱形皮肤，有局部色素沉着以及毛细血管扩张。紫外线不仅使皮肤老化，还可以引起多种皮肤疾病，甚至引发皮肤的各种肿瘤，如日光角化病、鳞状细胞癌、黑色素细胞瘤等。

思维拓展

交警所穿的黄色荧光服可以反光，在夜晚尤其显眼。那么荧光服为什么会有荧光，其中有什么奥秘？这还要从夜明珠说起。

在古代，作为稀有珠宝，夜明珠只有少数富足之家能够收藏。当时，人们知识欠缺，并不知道夜明珠为什么会在夜晚发出如此神秘而又美丽的光，而仅仅把它当作照明之用。直到近代，人们才真正清楚极富神秘色彩的夜明珠在夜晚发光的原理，引发了人们对荧光材料的研发。

经过化学家的研究发现，萤石是一种天然发光矿石，白天不发光，而在夜晚发出耀眼的光芒，是因为它在自然界结晶的时候，会有少量的稀土元素掺杂其中，从而呈现出黄色、绿色、蓝色、紫色等。萤石还有一个特点，就是随着温度的升高，在能量的激发下可发光的稀土元素能产生更强的光。自然界中水母、萤火虫等生物也发光，是因为它们体内存在荧光蛋白等发光物质。

日常生活中，荧光物质涂层应用非常广泛，在防伪标识、交通标志、生物医药领域有独特的应用价值。在一些标识表面涂上特殊的荧光涂层，用普通光源照射不会显示图案，而在 254 nm 的紫外灯的照射下会有相应的图案显现出来。纸币防伪标识利用的就是这个原理。

荧光对人们生活产生巨大影响的应用是照明灯具。传统的照明灯基本是汞灯，这种灯具有实用的特点，但是使用寿命短，直到出现三基色荧光灯才解决了这一问题。三基色荧光灯在通电后激发离子汞辐射出紫外光，紫外光与三色荧光粉混合后就会形成白光，达到了节能的目的，是真正意义上的冷光源灯。

大连光源

2017年1月15日，中国科学院大连化学物理研究所研制的“大连光源”发出了世界上最强的极紫外自由电子激光脉冲，单个皮秒激光脉冲产生140万亿个光子，成为世界上最亮且波长完全可调的极紫外自由电子激光光源。这意味着我国在极紫外波段自由电子激光的研制方面走在了世界前列。而这离不开一个人，他就是全国人大代表、中国科学院院士、“大连光源”总负责人杨学明（见图4-15）。

图4-15　杨学明

“大连光源”是中国第一台大型自由电子激光科学研究用户装置，是当今世界上唯一运行在极紫外波段的自由电子激光装置，也是世界上最亮的极紫外光源。中国科学院副院长王恩哥介绍：这是中国科学院乃至我国的又一项具有极高显示度的重大科技成果。

究竟什么是极紫外光？近代物理证明，光的本质是电磁波，同时也是粒子，光子本身带有能量，波长越短，光子的能量就越高。而当波长短到100 nm附近时，一个光子所具备的能量就足以电离一个原子或分子而又不会把分子打碎，这个波段的光称为极紫外光。在极紫外光照射的区域内，几乎所有的原子和分子都“无处遁形”。除此之外，极紫外光可利用单光子电离的方法，灵敏探测燃烧中间反应步骤和中间体的理想光源，为阐明燃烧过程中的化学机理提供坚实的基础。

当今世界，大科学工程对科技的发展起着越来越重要的推动作用。“大连光源”的建成出光成为我国大科学工程的又一成功范例，大大促进了我国在能源、化学、物理、生物、材料、大气雾霾、光刻等多个重要领域研究水平的提升，为我国的科技事业注入新的活力。

小试牛刀

查阅资料，了解自然界中的河马、蜡白猴树蛙、蘑菇珊瑚是如何防晒的。

第 4 节　真的有透视镜吗？

生活物理

成语“隔墙有耳”的意思是：隔着一道墙，也有人偷听。出自管仲《管子·君臣下》：“墙有耳，伏寇在侧。墙有耳者，微谋外泄之谓也。”用物理学的知识进行解释，那就是：声音可以在空气和固体等介质中传播，并且声音可以传递能量，因此我们隔着墙也能够听到别人说话的声音，还能判断出声大声小。

我们都知道，光也可以在这些介质中传播，然而为什么我们不能用肉眼隔着墙看到屋里面的景象呢？主要是因为绝大多数的光线在照射到墙面时被反射或吸收了，即便墙像毛玻璃那样能透过来一些光，但我们的视觉系统也无法进行影像还原。因此，窥探和监视界会有很多利器，可以隔空观物的也不在少数。

科学实验

潜望镜，就是人们窥探的一个利器。凭借它，人们既能够处于海底监视海面的船舶，又能够处于地面探秘洞穴内的景象。你也制作一个潜望镜研究一下吧。首先准备长纸盒、两面小镜子、胶带、铅笔、剪刀、直角三角板、直尺。用直角三角板在纸盒两端画一个与底部成 45 度夹角的斜线，两条斜线平行；在斜线的位置分别固定一面小镜子，在镜子前面分别留有观察口，就大功告成啦（见图 4-16）！赶快给小伙伴们分享一下吧！

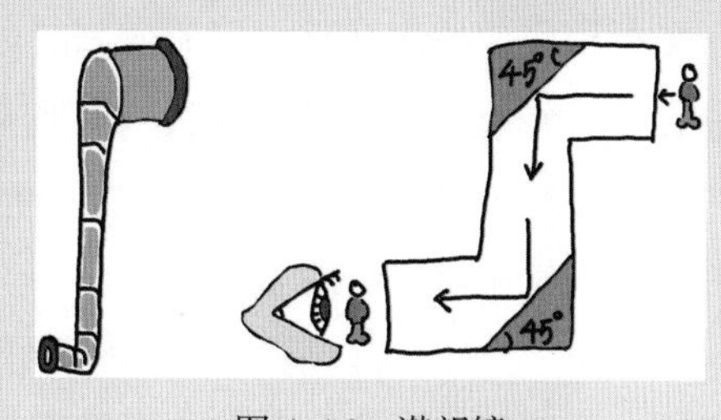

图 4-16　潜望镜

原来如此

其实，潜望镜利用的是平面镜成像原理，给我们带来视野的延展。不过，在现实生活中，的确存在透视技术，其有助于我们洞察身体内部。X 光、CT 和 MRI 是常见的医学影像技术，是我们对抗疾病的“武器”和认识自身的“慧眼”。

1895 年 11 月，德国物理学家伦琴在一次阴极射线实验中有了意外的发现：他观察到一种来源和性质都未知的放射线，把它称作 X 射线。这种射线具有很强的穿透性，可以轻易穿透人体组织。同年，伦琴拍摄了世界上第一张 X 光片——伦琴太太的手（见图 4-17）。X 射线的发现立刻引起了科学界的轰动，被看作近代物理学的开端，伦琴也因此获得了 1901 年首届诺贝尔物理学奖。

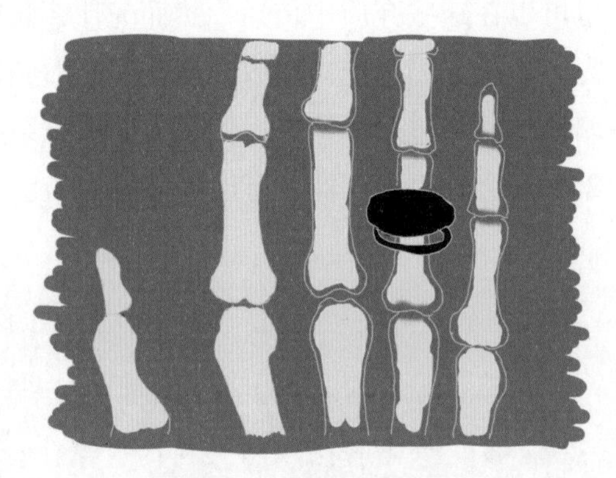

图 4-17　伦琴太太的手

X 射线成像技术几乎在发明的同时就被用于医疗实践，当时的人们对放射线的危害并不知晓，因此使用时没有任何防护措施。X 射线的滥用直到 20 世纪 50 年代以后才逐渐消失。今天，X 射线诊断流程已经非常规范，只要避免长期暴露，X 射线检查是相对安全的。

有了 X 射线检查以后，人们终于可以无创地检查身体内部结构了。然而 X 射线有一个明显的缺点：病灶的图像容易被附近正常组织的图像所干扰，身体器官的图像重叠在一起，很难分辨。

CT（computed tomography）即计算机断层扫描。美国物理学家科马克和英国计算机专家洪斯菲尔德尝试从不同的方向拍摄 X 光片，再通过计算机整合数据。经过几年时间的优化改良，1972 年，世界上第一台 CT 仪宣告诞生。随着 CT 技术的出现，医学迎来了一个全新的时代。科马克和洪斯菲尔德共同获得 1979 年诺贝尔生理学或医学奖。如今，CT 已经被用于人体各个系统疾病的诊断，发挥着极为重要的作用。

MRI（magnetic resonance imaging）即磁共振成像。它利用特殊的磁场激发人体组织内氢原子核的共振效应。1972 年，也就是第一台 CT 仪诞生的同一年，美国科学家保罗 · 劳特伯第一次得到了普通水和重水交界面的二维图像。随后，英国科学家彼得 · 曼斯菲尔德利用梯度磁场，更为迅速、精确地将共振信号转化为图像。人体的成分中一半以上是水，人们马上意识到这项技术可以用于探测人体结构。20 世纪 80 年代初，随着分辨率的逐渐提高，MRI 仪开始用于临床实践。2003 年，保罗 · 劳特伯和彼得 · 曼斯菲尔德共同获得诺贝尔生理学或医学奖。

CT 和 MRI 经常被放在一起比较，其实它们各有所长。CT 的检查速度快，价格低廉，对骨骼成像效果好，但是有辐射，且对肌肉、韧带等软组织成像效果较差；MRI 安全无辐射，对软组织成像效果好，但检测耗费时间长，价格高，而且体内有置入金属的患者不适用。

思维拓展

如果有人对你说“我能透视毛玻璃墙”，或者“我隔着门也能看见你在干什么，”估计你会想他们是在胡说八道，这是根本不可能的事情。但是，事实证明这不是科幻，而是真实的物理现象，近几年，我们多把这种现象称为“散射成像”。透视毛玻璃的现象通常被称为透过散射介质成像，隔门成像则被称为非视域成像。

空气和水都是比较强的散射介质，随着距离的增加，散射会减弱光的传播，从而导致“看不远”。散射在光学领域里是个让人又爱又恨的东西。我们总会问天空为什么是蓝色的？绝对不是因为地球表面绝大多数是海洋，而海水是蓝色的。这其实是因为散射：空气中的分子散射太阳光线中蓝色部分的能力高于其散射红色光线的能力。

我们再来看看散射与散射成像到底是什么关系。当点光源经过毛玻璃投射到观测屏上时，我们看到的不是一个点，而是一块亮斑。根据光路可逆原理，这块亮斑上的每一个点反方向传播，经过毛玻璃后能够会聚到原先的点光源处，这个过程称为时间反演。也就是说，如果能够获得相位信息，就可以透过毛玻璃成像了！相位恢复技术也就成了散射成像领域里的核心技术。

散射能不能实现穿云透雾成像？我们看看云雾、烟尘、水和生物组织等，它们都不是薄的，而是厚介质，而且是非常厚的介质，也就是说，光在这类介质中传播需要经历若干次散射，早已忘记了原先出发的方向。这就意味着根本无法实现。

除此之外，还有一种现象——非视域成像，其原理是通过光子反射还原物体信息。其实光不仅能在镜子上反射，在墙壁等物体上也会进行漫反射，只不过普通的光无法被观测到，需要用到激光。在进行非视域成像时，需要一面墙充当反射中介，也就是起到镜子的作用。从中介墙上反射的光子打到物体上，再通过中介墙反射到终端，就能够实现隔墙观物。

这个办法理论上虽然可行，但由于光子在飞行过程中会混入其他反射光，因此无法得到最准确的结果。不过最后科学家们研发出超快激光技术，使激光分子能被分辨，再通过对终端算法的不断优化，最终还原被重建物体的形状，这样一来也就能达成隔墙透视。此前最远的非视域观察距离为 50 m，而我国科学家实现了 1.43 km 外隔墙观物，创下世界纪录！相信在未来，我国还将在该领域继续突破！为那些努力付出的科学家们点赞！

普通的成像是需要有透镜的，那么散射成像只需要一块毛玻璃，是否就不遵循光学原理了？其实不然。毛玻璃起了一个等效透镜的作用，甚至其成像公式与薄透镜的也是一样的。因此，在科学进步的路上，我们要做的是改变思维方式。

中国透视成像设备

具有透视功能的中国造安检设备（见图 4-18）已遍及世界 150 余个国家和地区，几百名技术人员在国外日夜奔波、提供服务，为增进全球安全贡献一份中国力量。这辆“车”可厉害了，几分钟内便可以架起一个“大拱门”，被检车辆穿门而过，整台车的安检图像就显示在屏幕上。从火车及车辆成像检查到行李及包裹成像检查，从人体安全检查到液体安全检查，从爆炸物及毒品检测到放射性物质监测，中国造的“透视眼”早已成为世界重大活动及重要场所必备“神器”，从杭州G20峰会到里约奥运会，从米兰世博会到索契冬奥会，都可以看到中国“透视眼”的身影。

图4-18　“中国造”安检车

科技创新是驱动发展的重要动力。中国“透视眼”变“世界眼”的背后，折射出一个更加注重创新驱动发展的中国。伴随科技创新水平的提高，一系列“中国造”新技术、新产品走出国门，为人们解决难题提供中国方案，在共建、共享中实现共赢。

小试牛刀

如果你有透视超能力或者透视仪器，你最想应用在哪里？请说说你的理由吧！

第 5 章

量子改变世界

第 1 节　量子知多少？

生活物理

传说在一个神秘的小岛上有一个精灵王国，生活在王国里的精灵过着世外桃源般的生活。可是突然有一天，王国里开始传播一种病毒，感染这种病毒的精灵会狂笑不止。随着病毒的传播，感染病毒的精灵越来越多，王国的精灵们生活在恐惧之中。为了治好子民的病痛，国王派出探险队出海寻找生命之泉。探险队的勇士们克服艰难险阻，终于带回一小瓶生命泉水。只要喝上一点点该泉水，就能治好狂笑之病。王国里的智者提出一种分配方案："生病的精灵排队领取生命泉水时，严格控制每个精灵喝掉瓶中一半的泉水，虽然排在后面的精灵喝到的泉水变少，但是并不会影响治疗效果，而且瓶中一直剩下原来水量的一半，将永远不会被喝完。" 王国里的化学家听到智者的建议后赶紧去面见国王，阻止智者的方案。化学家告诉国王："按照智者的提议分发生命泉水，不但不会永远喝不完，反而不够百人使用。"

我们在生活中可以取出任意量的水，但是从微观角度看，水是由分子构成的，一杯水并不能无限分割，当分割到一定程度，就不能再分了。化学家及时向国王说明问题，避免了精灵王国生命泉水分发的灾难。

科学实验

油酸实验：每个同学用 1 mL 的油酸进行实验，将油酸滴在撒有痱子粉的水面上，使其平铺，面积尽可能大。将透明玻璃板盖在油酸面上，用笔描出油酸的轮廓，如图 5-1 所示。再将透明玻璃板盖在坐标纸上，通过数坐标纸上的格数算出油酸的面积。各个同学相互比较，油酸面积能无限大吗？

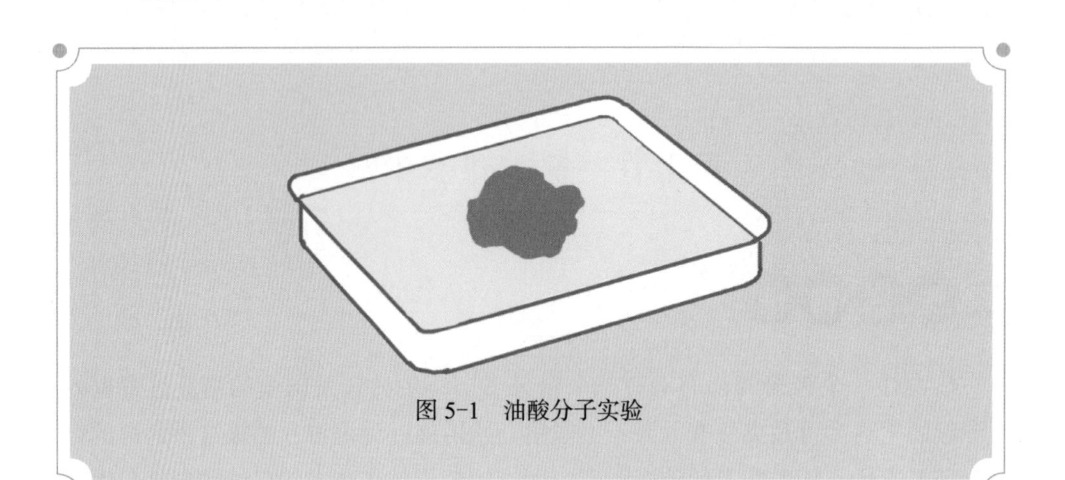
图 5-1　油酸分子实验

原来如此

宏观物体以及分子和原子可以用个数表示，我们比较容易理解，但是能量和光也能用个数表示，呈现出粒子性，就不那么容易被大家所接受了。为了解决黑体辐射的问题，1900 年 12 月 14 日，德国物理学家普朗克在德国物理学会公布了他的研究成果，提出能量是量子化的，每一份能量完全确定且都相等。普朗克提出的能量非连续性的假设相对于传统科学观念是革命性的。普朗克公布的普朗克常数是微观世界的最基本特征，是电磁学及原子物理中的重要参数。普朗克提出的量子论并没有被科学家广泛接受，仅有少数文献公布相关的成果。普朗克本人对这一革命性成果也是惴惴不安。

爱因斯坦提出光量子假说并取得了重要成果，物理学家才开始重视普朗克的量子论。爱因斯坦沿着维恩开辟的道路对黑体辐射进行研究，提出了“光量子”的概念。爱因斯坦在 1905 年发表了革命性的论文《关于光的产生和转化的一个启发性观点》，指出光的能量不是连续的，而是一份一份的，每一份能量子都能够运动，但是不能再继续分割，只能整个地产生或者被吸收。利用爱因斯坦的“光量子”假说可以更好地解释黑体辐射、光致发光等实验现象。爱因斯坦的光量子观点及普朗克的量子论都是以维恩公式为基础的，但是普朗克提出的量子论是为了导出辐射公式，他并没有赋予量子论明确的物理意义，而爱因斯坦提出的光量子是一种客观实体。利用爱因斯坦的光量子假说可以很好地解释光电效应实验，有力证明了光量子假说的正确性。普朗克因发现能量子获得 1918 年诺贝尔物理学奖，爱因斯坦因发现光电效应定律获得 1921 年诺贝尔物理学奖。

如图 5-2 所示是研究光电效应的实验电路。光电效应实际上早在 1887 年就由德国物理学家赫兹偶然发现，他在研究电磁波时，利用紫外线照射接收电磁波的一个电极，电极之间容易产生电火花。后来科学家研究发现，电极经过紫外线照射后逸出了负电子，并且电子的逸出速度与紫外线的强度无关。如果照射电极用的光低于某个频率，那么无论多强的光都没办法产生光电效应。爱因斯坦利用光量子假说对光电效应进行了解释，并写出了著名的光电方程。只有一个光量子能量大于电子的逸出功时，才会发生光电效应，光电子逸出物体表面的最大初动能等于光量子能量减去逸出功。

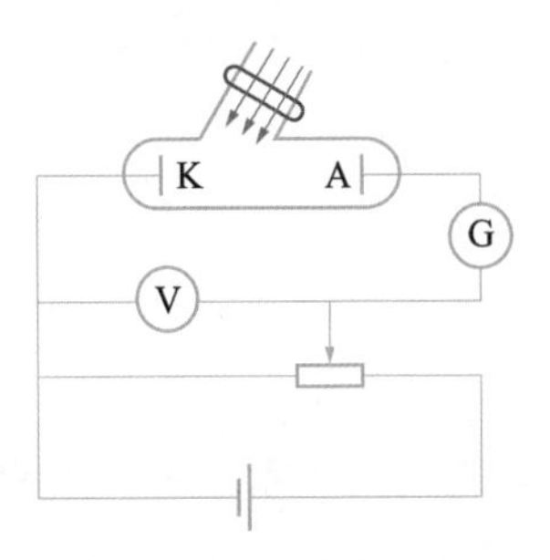

图 5-2　光电效应实验电路

丹麦物理学家尼尔斯·玻尔将量子概念引入原子理论中，于 1913 年提出了著名的玻尔原子理论。玻尔考虑了最简单的氢原子结构，认为电子只能在特定的轨道运动，并对氢光谱进行了解释。当电子在不同状态跃迁时，就会发出单一的辐射。玻尔的电子角动量量子化条件和量子跃迁理论解释了原子的稳定性问题及光谱规律，标志着量子论的最后形成。玻尔因对原子结构理论的贡献获得了 1922 年诺贝尔物理学奖。

既然光具有粒子性，那么粒子在运动过程中有没有波动性呢？法国科学家路易斯·德布罗意拉开了从量子论到量子力学的序幕。1924 年，他在博士论文中提出了德布罗意波的概念，并因此获得了 1929 年诺贝尔物理学奖。德布罗意理论的提出是人类认识物质世界的一次飞跃，为量子力学的建立奠定了坚实的基础。美国实验物理学家戴维逊在一次实验事故中偶然发现了电子衍射并在 1927 年公布了实验结果，证实了德布罗意理论。英国物理学家乔治·佩吉特·汤姆生设计实验，让高能电子通过金属薄层得到电子衍射图，计算出了高能电子的波长，并因此和戴维逊分享了 1937 年诺贝尔物理学奖。

奥地利理论物理学家薛定谔在德布罗意理论的基础上建立了波动力学。1926年，薛定谔分四部分发表了总题为《量子化是本征值问题》的论文。在第一部分中，他引入波函数的概念，建立了氢原子的定态薛定谔方程。在第二部分中，通过光学和力学的类比，形成了波动力学的概念。在第三部分和第四部分中，建立了定态微扰和含时微扰的微分方程。

1925年，德国理论物理学家海森堡在矩阵力学的建立中取得突破性的成果。同年的年底，海森堡、玻恩、约当共同发表论文，全面阐述了矩阵力学的原理和方法，宣告新的量子力学终于诞生。海森堡的矩阵力学和薛定谔的波动力学是等价的，海森堡的矩阵可以由薛定谔本征函数构成，薛定谔的本征函数也可以用海森堡的矩阵来表示。人们将矩阵力学和波动力学统一称为量子力学。

思维拓展

超导磁通量子化

1911年，荷兰物理学家昂内斯发现将水银的温度降低到4.2 K以下时，电阻突然变为零，呈现出超导电性，而这个出现超导转变的温度被称为临界温度。当材料处于超导态时，外磁场不能进入超导体内部，材料呈现出完全抗磁性。超导体可以分为第一类超导体和第二类超导体。第一类超导体具有一个临界磁场，只有磁场小于临界磁场时超导体才呈现超导电性。第二类超导体具有两个临界磁场：下临界磁场和上临界磁场。当磁场小于下临界磁场时，超导体具有零电阻特性和完全抗磁性。当磁场大于下临界磁场且小于上临界磁场时，超导体仍然保持零电阻特性，但是材料内部部分区域有磁场穿过，称为正常区，而这些正常区周围又有连续的超导区，我们把这种状态称为混合态，如图5-3所示。第二类超导体在磁场大于上临界磁场时则会失去超导电性。由于超导体的波函数具有单值性，因此处于混合态的超导体中的磁通量必须是量子化的，是磁通量子的整数倍。

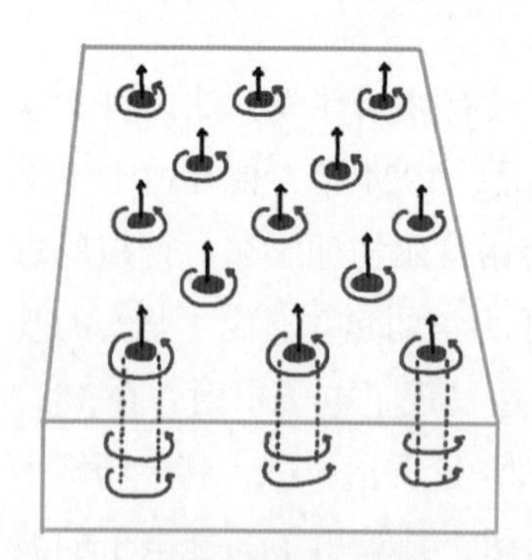

图5-3 第二类超导体的混合态及环绕超导电流

科学中国

王守竞先生的量子力学研究

王守竞先生于 1904 年出生于江苏苏州，1922 年考入清华大学，1924 年赴美国留学，1925 年获康奈尔大学物理学硕士学位，1926 年获哈佛大学文学硕士学位，1928 年获哥伦比亚大学哲学博士学位。1929 年，王守竞先生回国担任浙江大学物理系主任，1931 年，担任北京大学物理系主任。王守竞先生在北京大学建立了真空系统、阴极溅射等仪器设备，为北京大学物理系的科学研究奠定了坚实的基础。

1927 年年底，王守竞先生在氢分子中应用量子力学取得成功，他的论文只比海特勒和伦敦发布用量子力学处理氢分子的结论晚了一年。虽然有海特勒和伦敦的工作在先，但是王守竞先生利用不同的近似方法独立得到氢分子的量子力学结果。王守竞先生依靠自学小组成员的讨论和自己的认真研究完成了博士论文，没有得到博士导师的指导，因为没有教授可以指导他。王守竞先生在威斯康星大学做博士后工作期间还进行了多原子分子的不对称转动能谱研究。王守竞先生是中国第一位享有世界声誉的理论物理学家，他为我国的教育事业发展做出了重要贡献。

小试牛刀

电荷量也不是连续的，而只能是元电荷的整数倍。请查阅资料，了解元电荷的测定方法。

第 2 节　薛定谔的猫

生活物理

北京天安门广场每天的升旗时间和日出时间一致，即使是阴雨天气，我们也可以从天文台获取准确的日出时间。在生活中，我们还可以准确预测列车到达时间。根据经典力学规律，物体的运动状态是唯一确定的。但是量子力学的哥本哈根诠释指出：物理系统的属性并不是确定的，存在着多种可能，每种可能都有一定的概率发生。

科学实验

薛定谔提出过这样一个思想实验：在一个密闭的箱子里有一只猫，少量的镭，装有氰化物的密封瓶子，还有一个控制机关，如图 5-4 所示。镭存在着一定的衰变概率，如果镭发生了衰变，就会触发机关，打碎装有氰化物的瓶子，猫就会死亡。而如果镭没有发生衰变，那么猫就会安然无恙。在打开箱子之前，镭可能发生了衰变，也可能没有发生衰变。那么猫可能死亡，也可能安全，只有打开箱子时才能确定。

图 5-4　薛定谔的猫

在经典力学体系中，我们可以利用粒子的位置和速度值描述它的状态。当这两个量确定后，粒子的其他力学量也就跟着确定了。由于微观粒子具有波动性和粒子性，它的位置和速度不能同时具有确定的值。当粒子处于某个量子状态时，它的力学量有多种可能的值，并以一定的概率出现。

在一般情况下，如果粒子可能处于状态 Ψ_1 或 Ψ_2，那么这两种状态的线性叠加也是这个体系的一个可能状态，称为量子力学的态叠加原理。当粒子处于状态 Ψ_1 和 Ψ_2 的线性叠加态时，我们也可以认为粒子既处于态 Ψ_1，又处于态 Ψ_2。在“薛定谔的猫”这个思想实验中，镭可能已经发生了衰变，也可能没有发生衰变，处于两种状态的叠加态。密闭空间的小猫是否死亡也只有在打开箱子的时候才能确定。当然这个实验只是想象中的实验，并没有真正进行。

“薛定谔的猫”被提出来最初是为了质疑量子力学概率问题，因为不可能出现一个既死又活的猫，想以此证明量子力学的叠加态是多么的荒谬。但是它并没有推翻量子力学，反而引发科学家们对量子力学进行更深入的思考。

思维拓展

量子与穿墙术

1986 年，美国魔术师大卫 · 科波菲尔在中国表演了“穿越长城”的魔术，如图 5-5 所示。长城是中国劳动人民建设的一大奇迹，震惊世界。在表演魔术的过程中不允许对长城进行拆卸或打洞的。那大卫是如何穿过城墙的呢？清代杰出文学家蒲松龄在《聊斋志异》中提及崂山道士会穿墙之法。在现实生活中，穿墙术肯定是不存在的，毕竟墙是实打实的，但在量子世界里，这种穿越却是可能的。

图 5-5　大卫穿越长城

假设我们前面有一堵墙，墙的高度为 H，篮球静止放在墙上时具有的重力势能为 E。如果我们想把篮球抛过墙去，理论上抛出篮球时的机械能不能小于 E。在微观量子世界，将墙看成一个具有能量 U_0 的势垒，一个粒子向势垒运动。如果粒子能量大于势垒的能量，那么粒子是有可能穿过势垒的，当然也有可能被反射回来。如果粒子能量小于势垒的能量，粒子可能被势垒反射回来，当然粒子也有可能穿过势垒，到达势垒的另一侧。由于运动的粒子具有波动性，在向势垒运动时，即使粒子的能量低于势垒，也有一定的概率穿过势垒，形成隧穿。粒子实现隧穿的概率和势垒宽度有关，当势垒宽度增大时，隧穿的概率急剧降低。也正是这个原因，人类撞向墙壁时发生隧穿的概率极低，基本是不可能的。1981年发明的扫描隧道显微镜就是利用了隧穿效应，极大地推动了各个学科领域的发展。

科学中国

中国科学家实现光的波粒二象性可控量子叠加

2019年9月2日，南京大学物理学院马小松教授在《自然—光子学》杂志上发表了他们的科研成果。马小松教授率领自己的团队首次演示了单光子波动性和粒子性的非局域可控叠加。科研人员利用两个相距141 m的实验室光学设备进行实验，证明了光可以处于波动态和粒子态的叠加态，且这种叠加的性质是可以调整的。马小松教授的科研团队进行的实验是第一个严格在爱因斯坦局域性条件下实现的量子延迟选择实验，弥补了惠勒的延迟选择实验的漏洞，为开发量子技术的新实验能力开辟了新道路。2023年3月，马小松教授的科研团队在《自然—通讯》杂志上发表文章，称成功实现了一种新型的非局域量子干涉。

小试牛刀

1. 量子力学的态叠加原理反映了什么？

2. 具有一定能量的粒子遇到能量更高的势垒时，仍然有一定的概率穿过势垒，这种现象称为隧道效应。请查阅相关资料，了解隧道效应有哪些具体应用。

第3节　让全球加密失效——量子计算

生活物理

“三下五除二”“二一添作五”这些常用语其实原本是珠算口诀。东汉末年数学家徐岳所编撰的《数术记遗》中便有了珠算的记载。珠算的出现极大方便了农业、商业的发展，改进了记账和算账的效率，使人们快速得到计算结果。17世纪，法国数学家帕斯卡设计了可以实现加法运算的机械计算机装置。德国数学家莱布尼茨改进了帕斯卡的计算机，实现了乘法运算。莱布尼茨在改进计算机的过程中还发明了二进制运算，为计算机的研究指明了方向。虽然他们发明的计算机功能还比较单一，且数据无法保存，但是为现代计算机的研究开辟了道路，提供了方法。英国科学家巴比奇从织布机中得到灵感，发明了可以实现微积分运算的计算机。1936年，英国科学家图灵提出的图灵机模型成为现代计算机的原型。美国科学家香农在1936年的硕士论文中设计了二进制开关逻辑电路，可以通过简单的电路设计实现复杂的运算，为数字电路的研究奠定了基础。1946年，美国宾夕法尼亚大学以电子管为元件研制了电子数字积分计算机。1954年，世界上第一台晶体管计算机在麻省理工学院问世。1964年，美国宣布采用集成电路的计算机研制成功。1976年，美国克雷公司推出了世界上首台运算速度达每秒2.5亿次的超级计算机。1983年，我国研制成功“银河 -I”号计算机，成为继美国和日本后第三个独立研发制造巨型计算机的国家。2018年7月，国防科技大学和国家超级计算天津中心合作完成“天河三号”E级原型机的研制部署。全球化经济发展及防灾减灾等方面的需求对计算能力的要求越来越高，如何发展运算速度更快的新一代计算机成为摆在科学家面前的问题。

自制计算尺：利用木条制作两把长条形尺子，在尺子上标出刻度，刻度处的长度用对数值大小表示，如图 5-6 所示。例如，将整把尺子的长度定义为 1，那么在标注刻度 3 时，使得图中 1 到 3 的距离为 lg 3。假如要计算 2×3，将图中上面尺子的起点对应在下面尺子刻度线 2 处，此时上面尺子的刻度线 3 所对应的下面尺子刻度线数字就是计算的乘积。这把尺子的制作原理用到了对数的计算方法，请自行查询资料了解对数的计算规则。

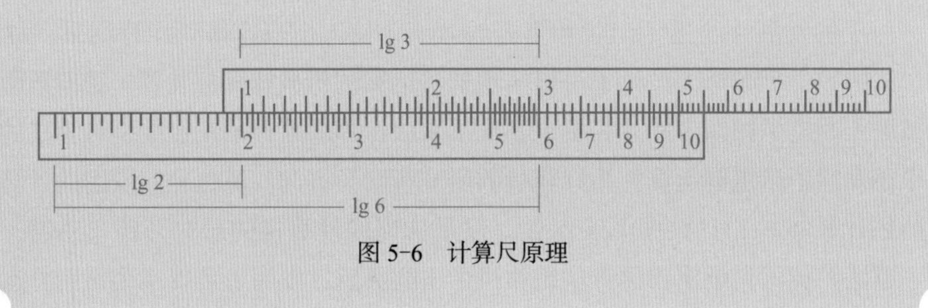

图 5-6　计算尺原理

原来如此

我们现在使用的经典计算机是依靠增加半导体芯片的集成度来提高计算能力的。计算机增加一倍的芯片集成度才能提高约一倍的计算能力。量子计算机是根据量子力学规律，利用量子比特来存储和处理信息的。量子计算的过程就是按照算法程序对量子态进行操纵和测量，对量子态的精确控制也将使人类进入量子信息时代。量子计算机的比特数可以使计算能力呈指数增长，必将带来信息处理能力的革命性变革与提升。量子计算机的实现不仅有助于解决量子物理本身的相关问题，还将深入信息处理领域的各个角落，在人工智能、基因工程、全球气候、物流交通、金融安全等领域发挥不可估量的作用。利用宏观的手段主动操控是很难的，无异于用挖掘机穿针引线。

量子计算机的研发具有高的回报，但也有高的投入与风险，发展路线存在不确定性。理论上，一台 100 个容错量子比特的量子计算机，其计算能力将超越现存所有计算机计算能力之和。现在量子计算已经进入所谓的“中等规模带噪声的量子计算时代”，“中等规模”即可以操控几十个到上千个量子比特；“带噪声”即还存在误差，无法实现精确的量子计算。量子计算也将向着规模化、容错化、集成化发展。量子比特数也将逐步达到成千上万个甚至上百万个的水平，实现错误率低、小型化等优点。

量子比特可以处于两个量子态的叠加，可以实现量子的并行计算。量子计算机可以更加有效地进行各种计算，众多量子算法的提出又促使人们构建量子计算。在实验上验证成功的量子计算方案有离子阱量子计算机、液态核磁共振量子计算机、腔量子电动力学量子计算机等，但是实现的量子比特数量较少。而固态量子计算机则在提升量子比特位数上具有优势，方案包括固态核磁共振量子计算机、超导量子计算机、量子点计算机等。

量子纠错码

实现量子计算机应用的很重要的一个步骤是实现量子纠错，解决硬件不完美导致的计算错误。最简单的纠错方式是将要保护的信息进行重复存储，就如我们平时将重要的信息在硬盘中备份。传统的机械硬盘采用磁性颗粒的极化方向存储信息，如果磁盘中的某个颗粒方向发生了错误，需要将出错的信息找出来。一种方式是可以通过“少数服从多数”的方法查验，看哪种比特数目较多，也可以采用查看周围其他比特的取值是否相同的方式，如图 5-7 所示。例如，我们可以用 000 表示 0 状态，用 111 表示 1 状态，即用三个比特的信息表示一个比特的信息。如果有一个比特的信息发生了翻转，那么就可以利用另外两个比特的信息进行纠正。如果有两个比特的信息同时发生了错误，那么在纠正后就得到了错误的信息。因此，经典的纠错方式是将出错的概率降低了。量子纠错与经典纠错的不同之处在于不仅需要纠正比特信息，还需要处理相位错误。1995 年，美国数学家彼得·肖尔提出了 9 量子比特码。量子纠错方式还有表面码、拓扑码等。

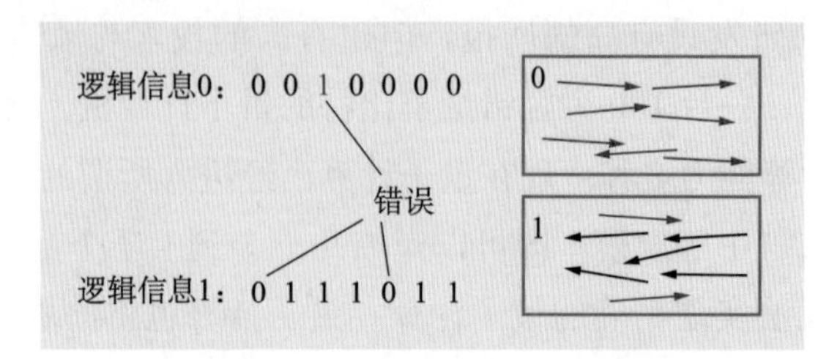

图 5-7　经典纠错码和经典信息存储

在进行量子纠错时需要对量子比特进行操作，而每次操作时又可能引入新的错误，结果适得其反。因此，在纠错过程中需要保证查验新产生的错误不能多于减少的错误，这样量子纠错才是有效的。

“九章”量子计算原型机的研制

2020 年年底，中国科学技术大学潘建伟团队和中国科学院上海微系统与信息技术研究所、国家并行计算机工程技术研究中心合作，成功构建了 76 个光子的量子计算原型机“九章”。在考验量子计算机能力的测试中，有一项特定任务是玻色取样，“九章”原型机在 200 s 内完成了超级计算机 6 亿年的计算量。“九章”原型机从外观上看更像一台敞开式的运算系统，在 3 m^2 的实验桌上摆满了光路及接收装置，其正是通过我国自主创新的量子光源、量子干涉、单光子探测器等实现的。2021 年 10 月，团队又成功研制了 113 个光子的量子计算原型机“九章二号”，再次刷新了国际光量子操纵的技术水平。相关工作在国际上也引起了极大的关注，被称赞是“令人激动的实验杰作”“令人印象深刻的最前沿的进步”。

小试牛刀

各国在量子计算机的商用化方面有哪些进展？请查看新闻报道，了解量子计算商业化应用的最新成果。

第 4 节　最佳的信息快递员——量子通信

生活物理

图 5-8　飞鸽传书

古人训练信鸽传送书信（见图 5-8）。现今我们的社会生活交流越来越频繁，人与人之间的远程通信已经成为人们生活中不可缺少的一部分。从传统的邮寄信件到传呼机、电话、移动通信、网络通信，科技的进步极大地便利了我们的生活。不知道大家有没有经历过这样的事情：你在网上与朋友聊天时提到想买一个漂亮的茶杯，然后当你上网时就会发现很多茶杯推销广告。你是觉得网络服务很贴心、方便，还是恐惧、担心自己的信息被窃取了？

通信过程中的信息安全影响着我们的生活，而国防军事通信则更是关系着国家的安全，通信加密技术应运而生。从古到今，通信加密技术和信息破解技术一直相克相生，信息在传递过程中的安全性也取决于加密和破解技术谁更胜一筹。古代君王在调动部队时使用兵符，前方统帅和君王各拿一半，兵符拼接严丝合缝，调动命令才能生效。这种制度在古代起了重要作用，但是也发生了信陵君窃符救赵的故事，可见兵符制度也不能保证古代军事绝对安全。我们在传输信息时，一种是进行明文通信，如无线电广播的数据不进行加密，任何人都可以知道信息；一种是利用密码本或者数学算法将传递的信息进行加密，直接接收到的信息看起来是无规则的乱码，只有经过解密才能知道确切信息。利用密码本加密的通信方式面临着密码本丢失的风险。随着计算机技术的快速发展，利用数学算法进行的加密也迟早会被破解。为了保障信息传递的绝对安全，各国都开展了量子通信的研究。那什么是量子，什么是量子通信，又如何保障通信绝对安全呢？

科学实验

在班级里你是否经历过这样的事情：老师不在，周围充斥着同学们的笑声、吵闹声，偶尔有个纸飞机从身边飞过，好像大家在办一场派对晚会。突然，前排门口的同学正襟危坐，旁边的同学也开始认真看黑板上的习题。这时，大家虽然没有任何交流，但又一致恢复到整齐的状态。班级里同学们的状态好像是不可测的，第一个注意到老师的同学会提醒所有人回到自己的位置，仿佛什么都没有发生过。你能想象到有些物体也并非固定不变的，而是会随着人们的观察而恢复到原来的状态吗？

原来如此

宏观物体都是有确定的状态的，我们可以说这张桌子是正立的，那张桌子是倒立的。物体的位置和速度都是可以确定的。但是，当物体的尺寸小到微观量级时，量子效应便显现了出来。物体的位置确定了，速度就不能测定了；物体的速度确定了，位置却不能确定。微观粒子的状态以概率的形式存在，我们称为叠加态。例如，我们可以说电子的自旋状态有 50% 的概率向上，有 50% 的概率向下，如果我们不进行测定，电子的状态是不确定的，我们去测定时，电子便有了确定的自旋方向。

量子通信把量子物理与信息技术相结合，利用量子调控技术，用一种革命性的方式对信息进行编码、存储、传输和操纵，从而确保信息安全。基于量子力学的通信原理可以使得信息在传输过程中不被轻易窃取。通常将量子通信分为两种：量子秘钥分发和量子隐形传态。量子秘钥分发实际上是利用量子信道传输密码本，而信息的传输依然依托于经典的通信线路。由于利用量子信道传输的密码本只使用一次，每次通信都更新密码本，因此保障了密码本的安全。量子秘钥分发使用的量子态具有不可克隆性，为可靠的保密通信提供了可能。

量子隐形传态是直接传递量子比特的一种方式，是一种直接通信方式。假设有一对量子纠缠态的粒子 A、B，它们之间是紧密关联纠缠在一起的：当 A 粒子处于 0 态时，B 粒子必然处于 1 态；当 A 粒子处于 1 态时，B 粒子必然处于 0 态。无论相距多远，我们对其中一个状态进行测量，必然会影响另一个状态。利用量子纠缠这种跨越空间的瞬时变化就可以快速传递信息了。但是信息在传递过程中并没有摆脱经典传输通道，因此这种方法并不能超时空传递信息。

量子秘钥分发

在量子通信中，我们利用光子的偏振就可以传递信息了。这里我们选取两种基矢来描述光子的偏振。基矢的一个作用就好像我们以前用的参考系，可以描述光子。如图 5-9 所示，我们选取两种基矢，分别是横竖基“＋”和对角基“×”。在横竖基中，偏振方向“↑”代表 0，“→”代表 1。在对角基中，偏振方向“↗”代表0，“↘”代表1。这种加密方式是1984年查尔斯·本内特（Charles Bennett）和吉尔斯·布拉萨德（Gilles Brassard）提出的，称为 BB84 协议。量子秘钥分发就利用这种方式传递密码本。

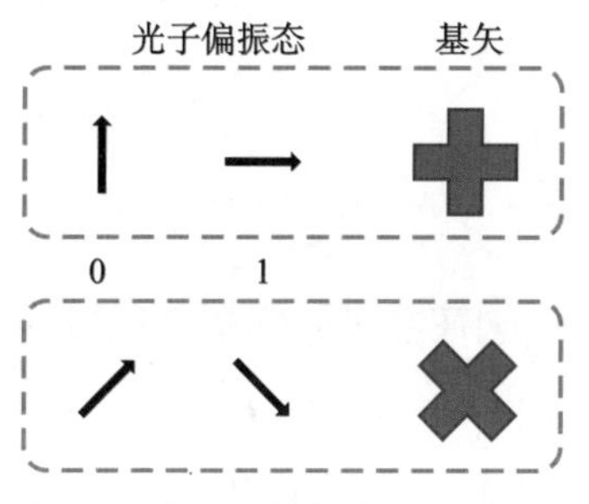

图 5-9　光子的偏振态及两种基矢

基矢的选择对光子偏振的影响如图 5-10 所示。如果选取了正确的基矢，那么光子通过基矢后偏振方向不变，可以得到光子偏振的正确信息。如果选取了错误的基矢，光子通过基矢后偏振方向完全随机，不一定得到光子的正确偏振信息。假如在量子秘钥分发传递过程中有窃密者窃取信息，由于光子具有不可复制性，窃密者必须在光子传递过程中提前测量光子的偏振态，需要选取基矢来读取信息。如果窃密者选取的基矢和发送者选取的基矢相同，窃密后光子的偏振态不变，那么这个比特信息的窃取行为不被察觉。但是，窃密者有 50% 的概率选取的是错误基矢，会导致光子偏振态发生变化，这样，如果有人窃取信息，在秘钥发送者和秘钥接收者选取相同基矢的情况下，会有 25% 的概率接收到错误信息。因此，接收者和发送者只需要核对部分秘钥，如果接收到的信息有所不同，那么就可以断定信息在传递过程中被截获了。单个比特信息被窃取后不被发现的概率是 0.75，如果我们校验 N 个比特信息，那么不被发现的概率就是 0.75 的 N 次方，如校验 50 个比特信息，那么窃密者不被发现的概率是 5.7×10^{-7}，几乎是不可能的。

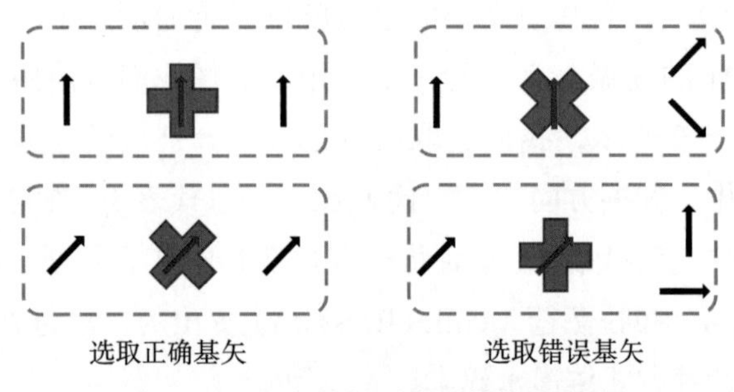

选取正确基矢　　　　选取错误基矢

图 5-10　基矢选择对光子偏振的影响

中国在量子通信领域的发展

“十二五”期间，在中国科学院、科技部、国家自然科学基金委员会、教育部等部门的支持下，中国科学技术大学凝聚的一批优秀研究队伍积极推动量子通信朝着高速率、远距离、网络化方向飞速发展。团队开展的量子信息处理技术应用到量子通信、量子计算和精密测量等方向，使得我国在量子通信领域达到了世界领先水平。2012 年《自然》杂志专门报道了中国科学技术大学潘建伟教授团队的研究成果，评论道:“在量子通信领域，中国用了不到十年时间，由一个不起眼的国家发展为世界劲旅，并将领先于欧洲和北美……”

2006 年，潘建伟团队就在国防部的要求下开展量子通信装备预先研究项目。2008 年，研究团队在合肥市实现了国际上首个全通型量子通信网络，2009 年，通信距离突破200 km。研究团队于2012年年底研制的最新型量子通信装备为党的十八大和国庆七十周年阅兵提供了信息安全保障，2013年研制成功的室温波段单光子探测器在国际上首次实现了“测量器件无关的”量子通信。“十二五”期间，潘建伟团队的研究成果入选了2012年和2014年中国十大科技进展新闻，被美国物理学会评为“2013年度国际物理学重大进展”，被英国物理学会评为“国际物理学领域年度重大突破”。2016年1月，“多光子纠缠及干涉度量”系统性研究成果获得国家自然科学一等奖。

2016年8月16日13时40分，由中国科学院国家空间科学中心研制的“墨子号”卫星在酒泉卫星发射中心由长征二号丁运载火箭发射升空，旨在建立卫星与地面远距离量子科学实验平台，是世界上首颗量子科学实验卫星。“墨子号”圆满实现了预定的三大科学目标，包括异地高速量子秘钥分发、地星量子隐形传态和量子纠缠分发实验。2017年，世界首条千公里级量子保密通信干线——“京沪干线”建成启用。结合“京沪干线”和“墨子号”，成功实现世界首次洲际量子保密通信，已实现北京、上海、济南、合肥、乌鲁木齐南山地面站和奥地利科学院六点间的洲际量子通信视频会议。

小试牛刀

在电视剧《乔家大院》中，乔致庸利用一首《秋夜曲》给银票加密字，以保障银票的安全。你知道哪些加密方式，快来与大家分享一下吧。

第 6 章
淘气的时空

第 1 节　不靠谱的长度

生活物理

屈原在《卜居》中的“夫尺有所短，寸有所长”体现了相对性的思想。选取不同的参照物进行比较，可以体现物体的不同。以前，人们经常去集市购买布料，回家进行裁剪加工，做成衣服。我们在商店买了六尺布料，在回家的公共汽车上必然也是六尺布料，即物体的尺寸是确定的，不会随着位置而变化。2019 年 1 月 5 日 12 时，G9 次列车从北京南站首发。这是我国首次投入运营的 17 节超长版复兴号动车组，长度达到 439.9 m，载客定员 1283 人，最高速度达到 350 km/h。根据我们的生活经验，超长版复兴号动车组的长度在高速运行过程中是不会发生变化的。对于同一个物体来说，它的尺寸是绝对不变的吗？

科学实验

我们在机场会碰到水平扶梯（见图 6-1），在水平扶梯上走路，可以使我们更快到达目的地。我们步行的速度与选取的参照物有关，当我们沿着水平扶梯运动方向行走时，我们对地的速度大小等于我们在扶梯上的步行速度加上扶梯的运动速度。

图 6-1　水平扶梯

原来如此

19 世纪末，经典物理经过发展已经形成了完整的科学体系。1900 年，英国物理学家威廉·汤姆生宣称：科学的大厦已经基本完成，未来的物理学家只要做一些修修补补的工作就可以了。但是明朗的天空中还有两朵乌云，一朵与黑体辐射有关，一朵与迈克尔逊实验（也就是光速问题）有关。

假设我们在静止的湖水中划船的速度是固定的，那我们顺着河水流动方向划船或逆流而上，船相对于岸边的速度是不同的。我们在测量物体速度时需要先确定参照物，这样速度大小才有意义。麦克斯韦早在 1865 年就根据电磁理论得到光在真空中的速度，那它的参照物是什么呢？“坐地日行八万里，巡天遥看一千河。”地球在高速自转着，若我们沿着地球自转方向发射一束光，光速会增加吗？ 1887 年，美国物理学家迈克尔逊和莫雷利用迈克尔逊干涉仪测量出光速在不同的惯性参考系和不同方向上都是相同的，否认了“以太”的存在。为了解释这个实验，洛伦兹于 1892 年提出了长度收缩假说。洛伦兹认为，运动的物体在其运动方向上产生长度收缩是由分子力造成的。1895 年，洛伦兹给出了长度的收缩系数。法国数学家、物理学家、哲学家庞加莱在 1898 年发表《时间的测量》，首次提出光速在真空中保持不变，没有这一公设就无法测量光速。庞加莱提出的观点已经很接近狭义相对论了，但由于庞加莱依然没有抛弃以太的存在必要性，其研究成果和爱因斯坦的狭义相对论还是有很大区别的。

爱因斯坦在中学时便想到了追光的悖论：如果我们跑出光的速度去追随一束光，那么我们将看到一个在空间中振荡却停滞不前的电磁场。不管是根据我们的经验还是麦克斯韦的电磁理论，这显然是不可能发生的。经过十年的思考，爱因斯坦在 1905 年发表《论动体的电动力学》，把相对性原理和光速不变原理作为狭义相对论的基本公设：在不同的惯性参考系中，一切物理规律都是相同的；真空中的光速在不同的惯性参考系中都是相同的。爱因斯坦从这两个基本原理出发推导出洛伦兹变换方程，导出了运动刚体长度收缩效应：一个长度为 l 的物体沿着长度方向以速度 v 匀速运动，它的长度会变短；刚体运动速度越快，长度就会越短；当速度达到光速时，长度为零。狭义相对论表明物体的尺寸并不是绝对的，而是相对的；任何物体的速度都不能达到或者超过光速。

狭义相对论和广义相对论

爱因斯坦狭义相对论表明空间两点之间的距离不是绝对的，会随着运动状态而发生变化;时间也是相对的。匀速运动的参考系比静止参考系的时间流逝得慢;物体的质量也不是恒定的，当物体运动速度变快时，物体的质量会变大。爱因斯坦还找到了质量和能量之间的关系，就是著名的质能方程。爱因斯坦的狭义相对论是物理学发展的革命性成果，爱因斯坦在 1948 年问世的《相对性：相对论的本质》中指出，狭义相对论使我们更清楚地理解时间和空间，放弃了绝对同时性及超距作用概念。

狭义相对论是建立在惯性参考系下的，为何惯性参考系在物理上有特殊性呢？ 1907 年，爱因斯坦撰写文章《关于相对论原理和由此得出的结论》，迈出了建立广义相对论的重要一步。据此，他以假设的形式提出等效性原理：引力场同参照系的相当的加速度在物理上完全等价。后来又将其扩展到参考系匀加速运动的情况。他在 1916 年发表的《广义相对论的基础》中指出，普遍的自然规律是由那些对一切坐标系都有效的方程表示的。

相对论在中国的传播

1917 年，国立武昌高等师范学校物理学教授李芳柏在数理学会成立大会上进行了关于牛顿力学和爱因斯坦狭义相对论的演讲，演讲内容发表在 1918 年的《国立武昌高等师范学校数理学会杂志》上。1920 年 2 月，《东方杂志》刊登《光线能被重力吸引之新说》，报道了爱因斯坦的相对论及 1919 年的日食观察实验。1920 年，文元模在《学艺》上发表《论现代科学革命者爱因斯泰因的新宇宙观》。1920 年 10 月 12 日，伯特兰·罗素应梁启超邀请到达上海，他是第一个将相对论引入中国的西方人。1922 年 11 月 13 日，爱因斯坦抵达上海，在中国掀起了爱因斯坦和相对论的热潮。1922 年 12 月 31 日，爱因斯坦第二次来到上海，并在次日做了相对论的演讲。爱因斯坦的两次短暂访沪在中国掀起了相对论的高潮，相关图书出版量增加。周培源、束星北、胡宁等都对相对论进行了深入研究。1948 年，正中书局出版了田渠编著的《相对论》教科书。1978，北京师范大学成立了引力与相对论研究中心。

请查阅资料计算，如果想让尺子的尺寸缩短 1%，需要多大的运动速度。

第2节 如何实现“天上一天，地上一年”

生活物理

在《西游记》第八十三回，太白金星为了劝说孙悟空，说“天上一日，下界就是一年”。在《聊斋志异》中，蒲松龄讲述了贾奉雉的故事：相传贾奉雉是一位才华横溢的读书人，因科举考试遇挫，产生了隐居山林的想法。秀才郎生说可帮其引见一个道人，学得长生不老。贾奉雉没有告诉妻儿便离家访道。

郎生带着贾奉雉来到了深山的一个洞府，拜见堂上的师父。师父说：“修行不但要舍弃功名富贵，就连自己也要置于心意之外。”郎生将贾奉雉带到一处院落，并拿来糕饼给他吃。可是贾奉雉最终还是没办法忘记自己的妻子，次日被赶出了洞府。贾奉雉回到村子后却找不到家了，经过打听后得知，原来世上已经过去了一百多年。他的长孙早已去世，次孙也已五十多岁了。

在很多地方流传着“烂柯山”的传说，说的是有个樵夫上山砍柴，路过一个石室，看到有两个道人在下棋。两人下棋一局还没结束，樵夫所带的斧头斧柄已经烂掉了。樵夫赶忙下山，才发现家乡已经完全不是原来的样子——尘世已过百年。唐朝孟郊作诗：“仙界一日内，人间千载穷。双棋未遍局，万物皆为空。樵客返归路，斧柯烂从风。唯馀石桥在，犹自凌丹虹。”

在古代文学作品中有很多关于时间穿越的故事。按我们平时的理解，每个人的时间流逝速度应该是相同的，那神话中的情景有可能发生吗？

科学实验

我们坐高铁从北京到广州，在上车之前将自己的手表和地面时间进行校准，等到达广州之后再次看一下自己的手表，发现手表显示的时间和地面时间依然是一致的，没有什么差别。

原来如此

一列列车沿着平直的轨道向前行驶，速度恒定。车尾的人向车头照射一束光。以列车为参照物，光到达车头的时间为列车的长度除以光速 c。但是在地面上的人看来，从车尾发出的光束在向车头传播时，由于车头在向前运动，会导致光束到达车头之前，车头又向前运动了一段距离，即地面上的人认为光束走过了比列车长度更长的距离，如图 6-2 所示。光相对于地面的速度依然为 c，可以计算出光束到达车头的时间。经过比较后发现，在这个事件过程中，车上的人经历的时间比地面上的人变慢了。列车的速度越大，这种时间变慢的效应就会越明显。我们在高铁上之所以无法感觉到时间的差异，是因为列车的速度与光速相比太小了。要想达到“天上一天，地上一年”的效果，天庭的运动速度需要为光速的 0.999 996 倍。同一事件在不同参考系中所测得的时间间隔是不同的，在匀速运动的参考系中，时间会变慢。

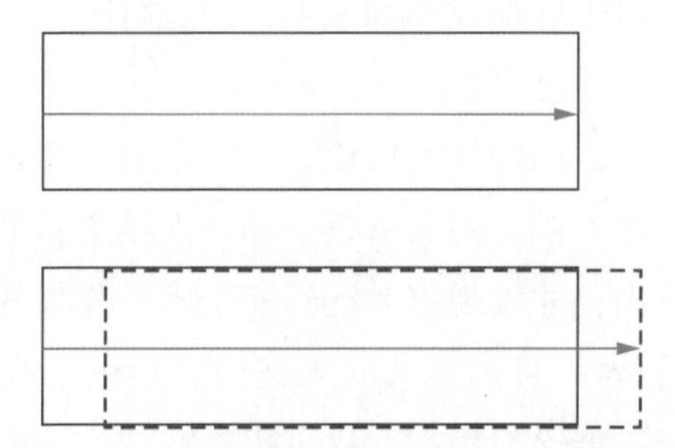

图 6-2　光从车尾照射到车头所用的时间测量

我们如何测定时间变慢了呢？为了排除时钟本身原因造成的测量偏差，我们使用光子钟来测量时间。准备两面镜子，镜子之间的距离是固定的，让光子在这两面镜子之间做往返运动。由于镜子之间的距离固定，光子的速度也是固定的，因此可以利用往返运动的次数来定义时间。光子在两面镜子之间往返的次数越多，则经过的时间越长。这样，一个光子钟就做好了。我们利用两个光子钟来证明时间膨胀。如果两个光子钟都处于静止状态，那么它们的运动情况是相同的。如果将一个光子钟放在地球上，而将另一个光子钟放在高速运动的飞船上，就可以测出飞船上的时间膨胀效应了。

思维拓展

事件发生的同时性

考试时，开考铃声响起，考生同时开始答题。在运动会长跑赛道上，运动员听到发令枪响后同时起跑。两个事件发生的同时性是绝对的吗？

一列列车沿着平直轨道匀速行驶，列车中间有一个光源，向列车前后两个方向同时发射一束光，如图 6-3 所示。以列车为参照物，由于光源到列车前后的距离相等，光速固定，因此光束同时到达列车前后端。但是在地面上的人看来，列车中间发出的光束在照向车头时存在追赶的情况，光束运动了更长的距离，因此光束应该是先到达列车尾端，后到达列车前端。事件发生的同时性也是相对的，只是由于平时列车能达到的速度有限，我们并不能感觉出差异。

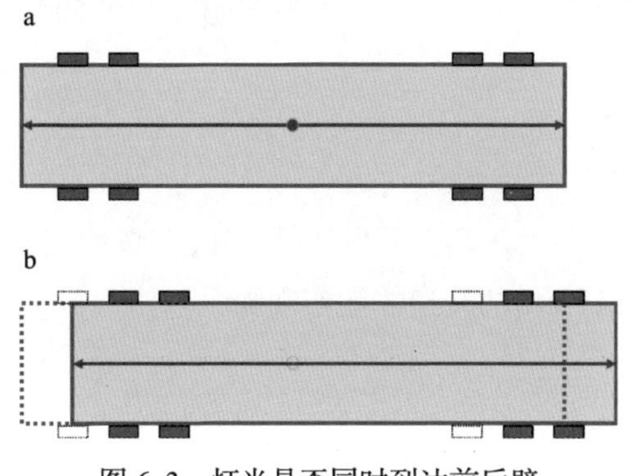

图 6-3　灯光是否同时到达前后壁

科学中国

束星北先生与相对论

束星北先生于 1907 年出生于江苏扬州，1924 年考入杭州之江大学，后赴美国和英国留学，1931 年回国。回国后束星北先生在多所高校任教，研究和讲授广义相对论和狭义相对论，是中国相对论的先行者之一。在20世纪三四十年代发表6篇相对论方面的论文。1952年，因院系调整，束星北到山东大学物理系任教。1983年10月30日，束星北先生在青岛病逝。

爱因斯坦广义相对论的引力定律最初只得到了球对称静力场的解。在20世纪30年代初，束星北尝试将其推广到球对称的动力场，得到了有质量辐射的近似解。1930年前后，束星北开始探索引力场与电磁场的统一理论。1942年，他又开始探索任意参考系下的相对性问题，得到电磁场张量在具有相对运动的参照系之间具有相对性的理论成果。1965年，他写成了独具特色的《狭义相对论》一书，并由王淦昌作序。可惜这本书直到1995年才得以出版。《狭义相对论》一书是束星北先生几十年教学经验的结晶，并包含了他的一些独创内容。玻尔在给一些学者的回信中说道："中国有束星北、王淦昌这么好的物理学家，你们为什么还要跑到外边去学习物理呢？"束星北先生不但对相对论的基本问题进行了深入思考和探索，还在量子力学、大气动力学、动力海洋学方面进行了研究。束星北先生严谨的治学态度和对科学的执着精神值得我们学习。

U 小试牛刀

《西游记》写道："天上一日，下界就是一年。"按照这样的比例来推算，"天庭"的速度需要达到多少倍的光速才能实现呢？

第 3 节　可以回到过去吗？

生活物理

如今有很多穿越题材的影视剧，主人公经过某个意外事件，突然回到了过去，因为带着未来的记忆，有了预知未来的优势，所以开启了奇异的非凡人生。好像这就是人们的“后悔药”，带着更多的生活经验，让自己的人生重来。或许很多人都想体验这样的奇幻经历，这种事情可以真实存在吗？

科学实验

我们来想象这样一个实验：我们准备了一些必需的材料，用了一周时间制作出一台时光机。我们坐着时光机来到了一周之前的晚上，看到了准备的材料。就在我们拿着点燃的蜡烛照亮材料时，不小心将材料烧成了灰烬。那么时光机还存在吗？如果时光机不存在，那材料还会被烧掉吗？

原来如此

如果有一天早上自己起晚了，上课铃响时才到达学校门口，这时候是不是非常担心和懊恼？如果我们能够穿越时空，在上课铃响前几分钟到达学校就不会耽误上课了。那我们能不能将自己的进校时间改成铃响之前呢？事件发生的先后顺序是固定的吗？

让我们来思考这样一个实验：假设有一列火车快速开向一个隧道，火车的长度大于隧道的长度，根据经验，火车是无法全部藏身在隧道中的，如图 6-4 中火车视角所示。假设火车的速度非常快，接近于光速，由于尺缩效应，地面上的隧道管理员看到火车的长度变短了，火车缩短后的长度等于隧道的长度，如图 6-4 中地面视角所示。隧道管理员看到缩短后的火车完全进入隧道后，利用遥控器控制隧道的前后门同时关闭，然后马上重新打开。隧道管理员看到在某一瞬间火车被完全装在了隧道里。但在火车上的人看来，火车是静止的，隧道在高速运动，隧道的长度变短了，火车不可能被完全装在隧道里。为什么得到了这样矛盾的结论呢？地面上的管理员看到隧道的两个门是同时关闭的，但在火车上的人看来，隧道的前后门不是同时关闭的。在火车上的人看来，火车车头刚到达出口时，隧道出口处的门关闭；火车车尾刚进入隧道后，隧道入口处的门关闭。在一个参考系下同时发生的两个事件，在另一个参考系下却不是同时发生的，即时间具有相对性。

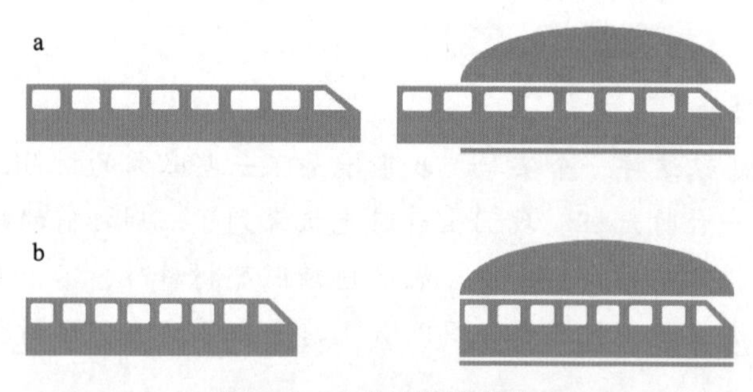

图 6-4　火车过隧道实验

既然时间是相对的，我们可以将任意两个事件发生的先后顺序翻转吗？例如，我们在踢球时不小心砸碎了旁边的玻璃，那么对于踢球这个事情，还有玻璃被砸碎这个事情，发生的先后顺序可以颠倒吗？答案是肯定不能。这里的两个事件是存在因果关系的，即一件事情的发生是由另一件事情所导致的。

思维拓展

双生子佯谬

1911 年，法国物理学家保罗·朗之万提出了著名的有关狭义相对论的思想实验——双生子佯谬（见图 6-5）。有一对双胞胎兄弟，哥哥坐着宇宙飞船以极

快的速度离开地球，若干年后返回。弟弟则一直生活在地球。根据相对论原理可知，飞船高速飞行时会造成时间变慢，因此哥哥返回地球后发现生活在地球上的弟弟比自己老了很多。根据运动的相对性，飞船上的哥哥可以认为自己的飞船是静止的，地球上的弟弟以极高的速度飞离自己。这样，生活在地球上的弟弟时间变慢，要显得更年轻才对。为什么会得到矛盾的结论呢？

假设哥哥驾驶宇宙飞船飞行的时间很长，飞船离开地球的加速、转向及减速阶段时间忽略不计。我们将哥哥驾驶宇宙飞船分为两个过程，一个是飞离的过程，一个是飞回来的过程，并不能简单地作为一个统一的惯性参考系。根据相对论的计算结果，哥哥驾驶飞船返回地球后的确会发现弟弟老了很多。当宇宙飞船的速度更快，接近光速飞行时，就会出现“山中方一日，世上已千年”的神奇现象了。

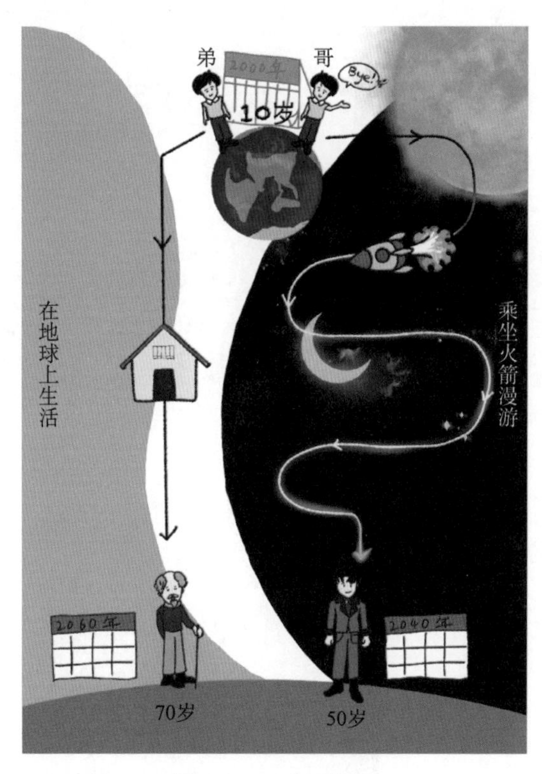

图 6-5　双生子佯谬

如何将两个不相关的事件的发生先后顺序进行调整?

第 4 节　四维空间真的存在吗？

生活物理

大家有没有用樟脑丸逗过蚂蚁？地上有一只爬行的蚂蚁，我们用樟脑丸在蚂蚁前方画一条线，挡住蚂蚁的去路。待蚂蚁拐弯到另外一个方向后，再用樟脑丸在其前方画一条线，挡住它的去路。最终，樟脑丸画的线将蚂蚁围了起来，蚂蚁在“城”中焦急得手足无措。如果你想解救这只心急的蚂蚁，只需要将其从樟脑“城”上空拿出来即可。我们想象在白纸上生活着一群二维小人，权且称其为纸片人王国。纸片人王国里的纸片人仅能够在二维平面进行活动，一个圆圈就可以将其困住。但是我们在三维世界中可以直接将圆圈中的纸片人解救出来。二维世界中的纸片人无论如何也无法理解三维空间是什么样子，这就像三维世界的我们无法理解四维空间中的生物具有什么样的神奇本领一样。也许在四维空间中，人们可以跨越时间进行交流。当然，现在对高维空间的研究还仅限于理论的推测——弦理论及超弦理论的研究都认为宇宙存在高维时空。

科学实验

在纸张上距离 10 cm 的位置标记两个点——A 和 B，请用铅笔在纸上找出两点之间最短的路径。你选的最短路径长度肯定是 10 cm，因为两点之间线段最短。但是，如果将纸张弯曲起来，在 A 点和 B 点打上洞，那就可以用更短的距离让两点产生联系。

原来如此

我们很难想象四维空间是什么样子的，但是我们可以比较容易地在脑海中建构出零维、一维、二维空间的样子。在三维空间中，我们需要三个坐标值来标定某个具体位置。如果只有一个点，其位置是唯一的，不需要坐标值，我们称之为零维空间。对于一条直线或曲线，只需要一个坐标值就可以表示出其具体的位置，可以称之为一维空间。对于一个平面或者曲面上某点的位置，只需要两个数字就可以确定，我们认为这是二维空间。我们站在三维空间的角度能够较容易地看到一维、二维空间的全貌，并能够全面认识其几何属性，却很难看到三维空间的全貌，那三维空间有什么几何特点呢？既然线有直、曲之分，面也有平面和曲面，三维空间有没有类似弯曲的特点呢？我们身处三维空间，可以比较容易地从外部观察曲线和曲面，那如何从三维空间的内部观察空间的弯曲呢？

在一个平面上绘制一个三角形，根据几何知识可以知道，三角形三个内角的和是 180°。如果是在一个曲面上用相同的方法绘制一个三角形，三个角的内角和就不是180°了，如图 6-6 所示。当然，我们在曲面上画线时用的是测地线——两点之间最短距离所代表的线。在三维世界中画出一个巨大的三角形，如果内角和不是 180°，就可以证明空间是弯曲的。当然，如果测得的三角形内角和是 180°，也不能证明空间一定不弯曲。有可能是这个三维空间的局部是平的，也有可能是我们的测量仪器的精度还不足以测量出这个空间的弯曲造成的角度偏差。爱因斯坦在创设广义弯曲空间理论时提出了这样的假设：物理空间在巨大质量的附近才变得弯曲，且质量越大，弯曲程度越大。用绳索围着一座大山拉出一个大的三角形，就可以测量出三个内角的和，如图 6-7 所示。但是最终会发现，即使是绕着喜马拉雅山做实验，依靠现有仪器也无法测出空间的弯曲，我们只能绕着质量更大的恒星做实验。那么能不能用绳索绕着太阳围出来一个三角形，测量其内角和呢？由于天体的尺度太大了，显然不适合用这种方法进行测量。我们可以用光传播的路径代替绳索进行测量。选择两个恒星，在地球上某点观察并测量两个恒星的角度。如图 6-8 所示，测量两个恒星与地球所围成的三角形中间有无太阳时恒星角度的差值，就能知道三维空间是否存在弯曲。1919 年，英国天文队

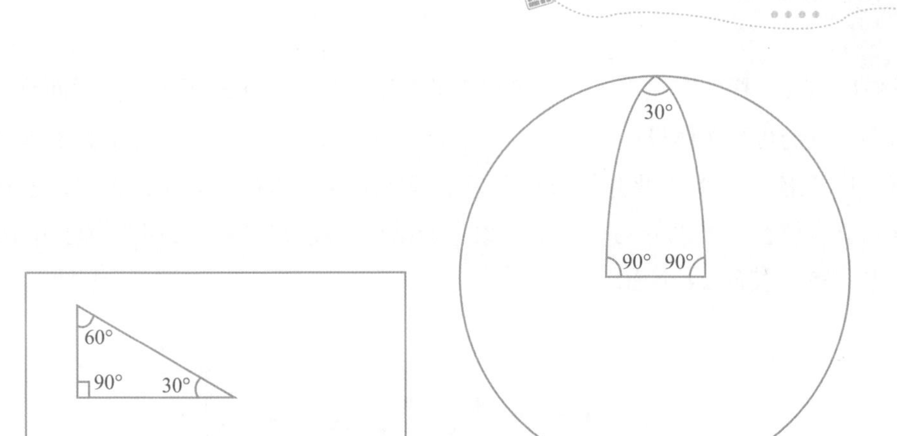

图 6-6　平面和曲面上的三角形内角和

图 6-7　测量大山周围三角形内角和

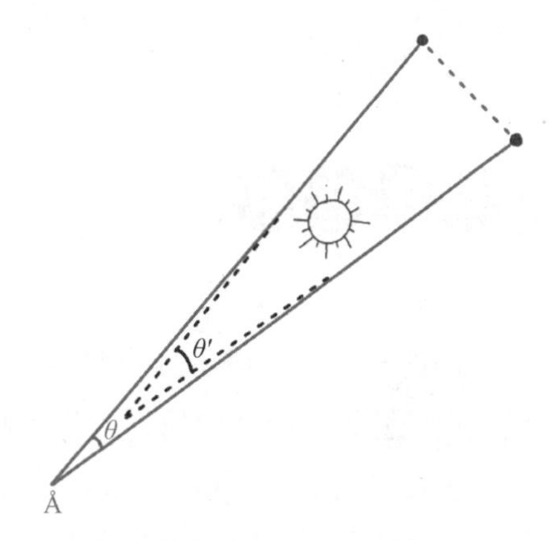

图 6-8　测量太阳周围时空是否弯曲

在普林西比群岛测量出在有无太阳时，两个恒星的角度相差 1.6″ ± 0.3″，而爱因斯坦的预测值为 1.75″。人们进行了多次实验，都得到了相似的结果，说明太阳导致周围空间发生了弯曲。

弯曲的三维世界是如何存在于四维空间的呢？我们让零维的点沿着一个方向运动就得到了一维的线，让一维的线沿着垂直的方向运动就得到了二维的面，让二维的面沿着垂直于面的方向运动就得到了三维的体。我们继续让三维的体沿着垂直于三维空间的方向运动就能得到四维空间的轨迹了，如图 6-9 所示。将正方形从二维空间升级到三维空间就可以得到正方体，将正方体增加一个维度到四维空间是什么样的存在呢？我们可以借助投影的方式来想象更高维度空间物体的情形。我们将立方体投影到二维世界中，可以通过投影图像猜到立方体有 8 个顶点、12 条棱。处于三维世界的我们想了解四维空间的超立方体，也只能通过四维超立方体在三维世界的投影来想象它的结构。经过计算发现超立方体有 16 个顶点、32 条棱和 24 个面。

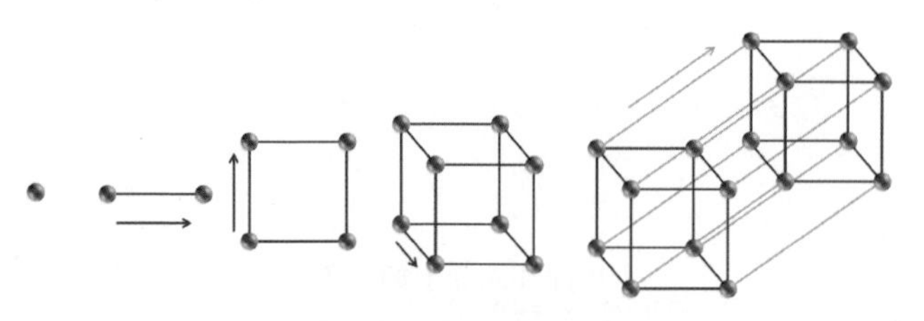

图 6-9 从零维的点到四维空间的构建

思维拓展

虫 洞

美国的卡尔·萨根写过一部科幻小说《接触》，并在 1997 年被搬上了荧幕，广受人们的好评。影片中的主人公爱罗薇根据外星文明传递的信息制造了一台飞行器，它可以通过虫洞到达织女星。虫洞相当于一个高维空间的通道，连接着两个不同时空中的点，穿越虫洞可以减少宇宙旅行的距离及旅行时间。美国著名的物理学家基普·索恩开展了一系列关于虫洞方面的研究，在 1988 年发表了一篇利用虫洞进行时间旅行的论文。虫洞有两个端口，如图 6-10 所示。索恩提出时间旅行有两个要点：第一，需要大量具有“负能量密度”的某种奇异物质使虫洞保持开通状态；第二，需要有能够利用虫洞在时间上向过去追溯的时间机器。不过可惜的是，我们在宇宙中还没有发现自然起源的奇异物质，而有一种方法可以

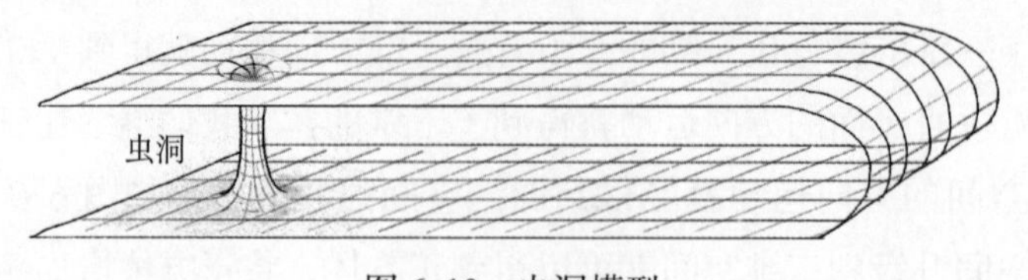

图 6-10 虫洞模型

制造出极少的奇异物质，但不足以维持虫洞处于开通状态。

由广义相对论知道，虫洞与黑洞有关，但是黑洞会使进入的物质困在里面，而虫洞的另一端是可以存在物质的。科学家的研究表明，虫洞这种神奇的时空结构是连接量子理论和引力理论的钥匙。理论上认为虫洞分为两种：洛伦兹虫洞和欧几里得虫洞。洛伦兹虫洞就是我们通常所说的时空隧道，而欧几里得虫洞是一种有时效性的虫洞。虽然科学家从理论上预言了虫洞的存在，但是人们还没有发现它。

科学中国

虫洞生成机制

2016 年 2 月，美国激光干涉引力波天文台宣布捕捉到两个黑洞合并产生的引力波，而且发现了“回声”的存在。有人猜测，“回声”是通过虫洞传过来的。在这件事后，扬州大学引力与宇宙学中心戴德昌教授团队对虫洞进行了深入研究，首次跳出传统的虫洞研究方法，从“膜宇宙”角度探讨构建“类虫洞”的可能性及方法。研究团队认为在虫洞对面的东西会影响我们自身宇宙的引力或重力加速度，通过研究黑洞附近恒星速度是否出现与理论值的偏差就可以探知虫洞是否存在了。

基普·索恩（2017 年诺贝尔物理学奖得主）对戴德昌教授团队的研究成果进行了高度评价，美国《纽约时报》也对相关成果进行了大幅报道。戴德昌教授团队在未来还将进一步对“类虫洞”的稳定性进行深入研究。

小试牛刀

1. 你觉得四维空间的第四个坐标轴可能是什么？查阅资料后分享自己的猜想吧。

2. 你觉得进行时间旅行是可能的吗？说说你的看法吧。

参考文献

[1] 刘筱莉，仲扣庄 . 物理学史 [M]. 南京：南京师范大学出版社，2004.

[2] 乔治・伽莫夫 . 从一到无穷大 [M]. 暴永宁，译 . 北京：科学出版社 ,2002.

[3] 赵广增，王守武，王明贞 . 纪念王守竞先生 [J]. 物理，1985(6)：382–383.

[4] 胡升华 . 王守竞的量子力学研究成果及其学术背景 [J]. 中国科技史料，2000（3）：235–241.

[5] 金凤，齐琦 . 我国学者实现光的波粒二象性可控叠加 [EB/OL]. (2019–09–04) [2023–05–31]. https://www.cas.cn/kj/201909/t20190904_4712756.shtml.

[6] 王亚军 . 计算机科学发展史上的里程碑 [J]. 计算机时代，2004（7）：7–8.

[7] 阎芳 . 中国科大等成功研制 113 个光子的“九章二号”量子计算原型机 [EB/OL]. (2021–10–26) [2023–05–31]. https://www.cas.cn/syky/202110/t20211026_4811244.shtml.

[8] 赵竹青 . 世界首条量子保密通信干线开通实现洲际量子通信 [EB/OL]. (2017–09–30) [2023–05–31]. https://www.cas.cn/cm/201709/t20170930_4616589.shtml.

[9] 白秀英 .《改造・相对论号》在中国传播相对论的科学意义 [J]. 中国科技期刊研究，2012，23（2）：331–334.

[10] 白秀英，姚远，亢小玉 .《学艺》与量子论和相对论在中国的传播 [J]. 西北大学学报，2010，40（6）：1124–1128.

[11] 高荣伟 . 天才物理学家束星北 [J]. 产权导刊，2019（11）：76–79.

[12] 张天蓉 . 著名的双生子佯谬 [J]. 科技导报，2015，33（17）：102–103.

[13] 何亮 . 升级迭代的探测方法　能否助我们捕捉到虫洞踪影？ [EB/OL].（2021–03–23）[2023–05–31]. https://www.cas.cn/kj/202103/t20210323_4781887.shtml.

[14] 曾永志，马靖 . 对应性原理和玻尔原子模型 [J]. 物理与工程，2008，18（1）：12–14.

[15] 萧如珀，杨信男 . 1932 年 5 月：查德威克描述中子的发现 [J]. 现代物理知识，2010（3）：66–67.

[16] 党亚茹，王莉亚 . JCR 自然科学版期刊半衰期指标的区间变化分析 [J]. 情报科学，2007（6）：804–810.

“小试牛刀”参考答案

第 1 章

第 1 节

热力学温度又称绝对温度（absolute temperature），单位是开尔文（Kelvin），简称“开”，符号为 K，是为了纪念英国物理学家开尔文而命名的。以绝对零度（0 K）为最低温度，规定水的三相点温度为 273.16 K，K 定义为水的三相点热力学温度的 1/273.16。

摄氏度为表示摄氏温度的一个专门名称，符号为℃。水的三相点温度为 0.01℃，因此热力学温度 T 与人们惯用的摄氏温度 t 的关系是：T（K）=273.15+t(℃)。规定热力学温度的单位开（K）与摄氏温度的单位摄氏度（℃）的平均值完全相同，所以增加 1 K 等于增加 1℃。在表示温度差和温度间隔时，用 K 和用℃作单位的值相同。

第 2 节

以铅柱 B 和重物整体为研究对象，研究对象的受力情况为：向下的重力 $G_{总}$，向上的大气压力 $F_{大气}$和铅柱 A 对铅柱 B 的作用力 F。

$F_{大气}=pS=1\times10^5\ \text{Pa}\times3\times10^{-4}\ \text{m}^2=30\ \text{N}$

$G_{总}=G_B+G_{物}=2\ \text{N}+20\ \text{N}=22\ \text{N}$

$G_{总}<F_{大气}$

铅柱 B 和重物整体静止，铅柱 A 对铅柱 B 的作用力 F 的方向向下，不能说明铅柱 B 受到铅柱 A 的吸引力，故该实验不能说明分子之间存在引力。

第 3 节

水银体温计是由充满水银的玻璃泡和刻着刻度的玻璃直管构成的。水银体温计在玻璃泡外还有一个“缩口”——连接玻璃泡与直玻璃管的一个弯曲细管。测量体温后把体温计从腋下取出，若室温低于体温，温度计示数理应下降，但是缩口阻拦了水银回到玻璃泡中，这样在室温中读取的读数仍然是体温。如果室温高于体温，则体温计不能使用。寒暑表温度计测量的是室温，并在室温下读数，故不需要“缩口”。

第4节

冰块吸热化成水，这是晶体熔化的过程，过程中水缸内为冰水混合物，温度为0℃。这个时候跟室温相差较大且很稳定，能够快速吸热，从而降低室温。如果仅仅是水，水会因为吸热升温导致温度和室温的温差减小，并最终接近室温。

第2章

第1节

整个原子有800粒绿豆那么大。

第2节

不同原子的原子核质量比不等于其核电荷数比值。

第3节

$1 \div 2^5=0.031\ 25(g)$

第4节

氢弹的核聚变反应需要极高的温度，而在地球表面附近很难达到这个条件。原子弹爆炸的瞬间可以提供这个条件。

第3章

第1节

光要沿着光程最短的路径传播。由于糖水浓度不同，光的传播速度不同，因而发生偏折。在不同浓度的糖水中偏折情况不同，偏折角度可能与物质密度有关。

第2节

在较远的墙上可以发现不同亮度的条纹规则排列，图像与图3-17所示的单缝衍射条纹类似。

第3节

初始温度相同的黑色、灰色、白色玻璃瓶，在阳光下照射相同时间，可以发现$t_1>t_2>t_3$。因此，物体的吸热能力与物体表面颜色有关，物体表面颜色越深，吸热能力越强。

第 4 节

激光方向性好，可以用于激光准直；激光具有热破坏性，可以用于激光美容。

第 4 章

第 1 节

观看纪录片《行进中的中国光影》，可从电影类型创作角度，了解中国电影摄影技术的发展和新世纪以来中国电影在各个类型创作方面取得的成就。

第 2 节

2 min 后观察到 t_A 最高，t_B 和 t_C 与室温近似。因此，可以得知红外线照射区域的温度较高，红外线的确是热线。

第 3 节

河马是两栖动物，在水中待着是河马最好的防晒方式；另外，河马习惯在泥坑里打滚，身上的泥干了之后，会在河马皮肤表面形成保护层；最神奇的是，河马汗腺可以分泌防晒物质。蜡白猴树蛙进化出分泌脂质的特殊皮肤汗腺，这些脂质物质中蜡脂含量最高，使得蜡白猴树蛙皮肤有光泽，还不透水。蘑菇珊瑚会分泌一种黏液，这种黏液具有很高的防晒值。

第 4 节

如果有透视能力，可以用于内科医疗，方便为病人准确找到病灶。

第 5 章

第 1 节

美国实验物理学家密立根通过油滴实验测定了元电荷的电量。带电的油滴在电场中静止或者做匀速直线运动时，受力平衡，重力等于电场力。根据 $mg=qE$ 可知，测量出油滴的质量、电场的大小，就可以知道油滴所带电荷量了。测量大量数据后会发现，虽然油滴所带电量各不相同，但它们所带电荷量都是某一数值的整数倍，这个数值就是元电荷的大小。

第 2 节

1. 当粒子处于态 Ψ_1 或 Ψ_2 的线性叠加时，粒子既处于 Ψ_1 态，又处于 Ψ_2 态。在叠加态下观测的结果是不确定的。

2. 隧道二极管、扫描隧道显微镜等。

第 3 节

2021 年 6 月，由美国公司开发的量子计算机在德国亮相；

2023 年 3 月，日本理化学研究所等机构推出了 64 比特的量子计算机；

2023 年 5 月，我国发布新一代量子计算云平台，接入 176 比特超导量子计算机；

2023 年 6 月，美国科研人员宣布设计出了一种新方法来表示具有硬件稳定性的逻辑量子比特，并计划在 25 年时间内建造出可靠的量子计算机。

第 4 节

秘钥散列、对称加密、非对称加密、数字签名等。

第 6 章

第 1 节

根据尺缩效应的公式，$l=l_0\sqrt{1-\left(\frac{v}{c}\right)^2}$，当速度为光速的 0.141 倍时，尺子的长度会缩短 1%。

第 2 节

根据时间变慢的公式，$\Delta t=\frac{\Delta\tau}{\sqrt{1-\left(\frac{v}{c}\right)^2}}$，当“天庭”速度为光速的 0.999 996 25 时，会出现“天上一日，下界就是一年”。

第 3 节

事件发生的同时性或先后顺序是相对的，两个独立事件没有因果关系，在不同参照系下发生的次序是会发生改变的。

第 4 节

1. 第四个坐标轴可能为空间轴或时间轴。

2. 有不可能和可能两种观点。

不可能：已经发生的事情成为既定事实，无法再进行人为干涉。

可能：四维空间的第四个轴可能是时间轴，在四维空间中沿着时间轴移动可以实现时空的跨越。

后　记

这套书终于要和大家见面了！尽管我们并不感到它是完美的，但是我们仍然享受这份喜悦之情。在这里，首先要感谢为本书的编写提供科学原始素材的物理学专业研究者，我们只是在他们的基础上做了一件力所能及的事情。在编写体例上，我们借鉴了赵凯华和张维善先生合著的《新概念高中物理读本》的设计；在内容的选择上，我们参阅了人民教育出版社、教育科学出版社等多家出版社出版发行的现行初、高中物理教材，在此一并致谢！在“科学中国”栏目中我们列入了中国物理学研究者和研究团队在物理学发展中的突出贡献。正因如此，我们才能将物理学与中国的现代科学相联系，让中学生体会中国对世界科学发展的贡献，提高中学生的民族自尊心与自豪感，更加凸显物理学科的育人价值。在此向发布我国科技前沿动态的各大媒体表示衷心的感谢！书中部分插图来自科普中国、中国气象局、《人民日报》新媒体平台“人民号”、新华网、人民教育出版社初高中物理教材、中国青年网。

为了增加本书的可读性、趣味性，书中插图大都设计为简笔画、漫画等手绘图片。工作量巨大的绘图任务得以顺利完成必须感谢清华大学附属中学朝阳学校美术专业班的老师和同学。指导老师为博老师和孟翠东老师。参与绘画的同学有杜元熙，黄泳淇、曹睿然、孙小艾、林语清、王艺潼、杨袭明、赵瑞轩、何育莱、范书璟。

本书的编写还要感谢敢于质疑和创新的中学生朋友们，正是大家提出的各种各样的问题促使我们有动力去完成本书。希望中学生朋友们通过阅读本书，走进物理世界，爱上物理。当然也欢迎大家继续提出新的问题，问题的提出是探索未知的又一个良好开端！

需要感谢的人太多，难免遗漏，在此向所有帮助过我们的人表达我们的敬意！

在编写过程中，我们有过紧张、有过担忧，感到自身仍然存在一定的知识漏洞，语言贫乏无力，思维不甚严密。由于能力有限，书中难免有错误和疏漏之处，欢迎大家批评指正！

编　者

2023 年 7 月于北京明德园